Hans von Heydebreck

Die deutsche Dressurprüfung

Nachdruck
Scan: Die Deutsche Dressurprüfung
Auflage 1929
Verlegt bei Mittler& Sohn

Texterkennung und Drucksatz Xenophon Verlag e. K.

Absätze, und Seitenaufteilung wie das Original.
Zitiert werden kann deshalb auch die Originalausgabe
mit Seitenzahlen.

*Das ursprüngliche Werk gilt gemäß dem deutschen
Urheberrecht als gemeinfrei.*

Oberst von Heydebreck

Die deutsche Dressurprüfung

Eine Anleitung

für Reiter, Richter und Zuschauer

Mit vierundzwanzig Federzeichnungen von Ludwig Koch, Wien

Verlag von E. S. Mittler & Sohn / Berlin

Xenophon Verlag e. K

uck von Ernst Siegfried Mittler und Soi
ichdruckerei G.m.b.H., Berlin SW 68, Kochstraße 68—

Vorwort.

Das vorliegende kleine Werk ist aus einem Entwurf entstanden, den ich vor mehreren Jahren verfasste, als es sich darum handelte, Anforderungen für das Reiten in Dressurprüfungen festzulegen. Er wurde damals von dem mit der Abfassung einer solchen Anleitung betrauten Ausschuss als zu ausführlich befunden. Eine Anzahl meiner reiterlichen Freunde, denen ich meine Auslassungen zur Begutachtung übergeben hatte, redeten mir schon damals zu, den Entwurf trotzdem zu veröffentlichen, da unsere jungen Dressurreiter sich doch daraus manchen Rat holen könnten. Ich konnte mich aber bisher aus verschiedenen Gründen nicht hierzu entschließen. Zunächst wollte ich nicht neben die vom Ausschuss für Leistungsprüfungen zur Beurteilung von Dressurleistungen herausgegebenen und unter meiner Mitwirkung entstandenen kurzen Vorschrift gleich noch eine andere, den gleichen Gegenstand behandelnde Anleitung setzen. Sodann erschien es mir erwünscht, meinen Text durch bildliche Darstellung der verschiedenen reiterlichen Übungen verständlicher zu machen. Meine Versuche, einen Mitarbeiter hierfür zu gewinnen, blieben aber lange Zeit erfolglos. Erst durch Vermittlung des Herrn Generals von Josipovich, mit dem ich durch gemeinsame Tätigkeit als Richter bekannt wurde und in dem ich einen treuen reiterlichen Gesinnungsgenossen gewann, gelang es mir, in der Person des Herrn Malers Ludwig Koch aus Wien einen Künstler zu finden, der sich zur Mitarbeit bereit erklärte. Seine Hilfe war mir um so wertvoller, als er bereits in seiner „Reitkunst im Bilde" in meisterhafter Weise das gut gerittene Pferd bildlich dargestellt und sich dadurch auch als erstklassiger Dressurfachmann und Hippologe in der ganzen Reiterwelt eingeführt hatte. Ohne ihn wäre meine kleine Arbeit nur Stückwerk gewesen. Ihm sei daher an dieser Stelle in ganz besonderer Weise für die mir bereitwilligst gewährte, wertvolle Unterstützung gedankt. Ein gleicher Dank gebührt meinem lieben, hochverehrten Freunde Josipovich. Ihm verdanke ich auch bezüglich meiner eigenen Weiterbildung auf dem Gebiet der wissenschaftlichen Grundlagen der Reitkunst ungeheuer viel, und mancher in dieser kleinen Schrift niedergelegte Grundsatz ist seinem Gedankenkreise entlehnt.

Wenn ich hiermit meine Arbeit der Öffentlichkeit übergebe, so geschieht es nicht in der Absicht, etwas Neues zu bringen, oder gar den in den maßgebenden „Anforderungen für das Reiten in Dressurprüfungen" niedergelegten Grundsätzen zu widersprechen. Sie soll diese nur durch Wort und Bild verständlicher machen und folgende Fragen beantworten helfen: Wie muss der Reiter die verschiedenen Übungen, die bei einer Dressurprüfung von ihm verlangt werden, ausführen? Wie gelangen Richter und Zuschauer zu einer richtigen Beurteilung von Dressurleistungen? Nach welchen Gesichtspunkten bildet man sich am besten ein endgültiges, einwandfreies Urteil bei der Bewertung und Platzierung der Teilnehmer?

Tragen meine Auslassungen dazu bei, es den Reitern und Teilnehmern an Dressurprüfungen klarer zu machen, wie sie ihr Pferd arbeiten und vorstellen müssen, helfen sie die Anhängerschaft der Dressurreiterei vergrößern und deren reiterliches Verständnis fördern, und schaffen sie innerhalb des Kreises der Dressurrichter eine größere Übereinstimmung in der Beurteilung und Bewertung von Dressurleistungen, so hoffe ich der Fortentwicklung unserer Dressur und der deutschen Reitkunst einen kleinen Dienst erwiesen zu haben.

Belgard (Persante), im Herbst 1928.

Der Verfasser.

Inhaltsverzeichnis.

Verzeichnis der Abbildungen.

Einleitung

Die deutsche Turnierordnung (T. O.) bestimmt, dass für die Beurteilung in Dressurprüfungen maßgebend sind: Ausbildungsgrad des Pferdes und Reitkunst des Reiters. Die Bewertung der Leistungen erfolgt aufgrund der vom Reichsverband für Zucht und Prüfung deutschen Warmbluts herausgegebenen „Anforderungen an das Reiten in Dressurprüfungen", die auf den überlieferten Grundsätzen der akademischen Reitkunst fußen. Diese hat stets ihre Aufgabe nicht darin erblickt, das Pferd nur zum Reitgebrauch abzurichten oder es nur gewisse kunstvolle Bewegungen zu lehren. Sie will vielmehr vor allem seine natürlichen Kräfte und Anlagen entwickeln und durch gymnastische Durchbildung seines ganzen Körpers so vervollkommnen, dass im Zusammen wirken aller Glieder und Körperteile völlige Übereinstimmung entsteht. Hierdurch soll es instandgesetzt werden, auch unter dem Reiter und nach dessen Willen alle Bewegungen, zu denen die Natur es befähigt, willig, andauernd, zwanglos und sicher auszuführen. Die Rittigkeit eines Pferdes kommt daher vor allem in seinem geregelten Gange und in seinem Gehorsam zum Ausdruck.

Wer demnach den Ausbildungsgrad von Pferden richtig beurteilen und ihre Dressurleistungen gerecht gegeneinander abwägen will, der Richter sowohl wie der Zuschauer, muss

1 von Heydebreck, die deutsche Dressurprüfung.

sich zunächst über die Tätigkeit der einzelnen Glieder und ihr Zusammen wirken bei der Fortbewegung, also über das Gangwerk eines Pferdes im klaren sein. Wer aber Pferde mit Aussicht auf Erfolg für Dressurprüfungen vorbereiten will, muss außerdem noch, abgesehen von der dazu erforderlichen Reitfertigkeit und der Beherrschung der Dressurgrundsätze, die Fähigkeit besitzen, den Bau eines Pferdes im Hinblick auf seine Eignung zum Reitgebrauch richtig zu beurteilen, um die Ursachen mangelhaften Ganges erkennen und durch zweckentsprechende Übungen abstellen zu können.

Gang und Fußsetzung des Pferdes sind in erster Linie von der Rückentätigkeit abhängig. Der Reiter muss diese richtig regeln, Richter und Zuschauer aber müssen beurteilen können, ob diese Aufgabe gelungen ist. Der zwanglos schwingende, und doch den Gliedmaßen den nötigen Halt gewährende Rücken des Pferdes erzeugt den schwungvollen Gang, der sich in sicherem Auftreten und federndem Abstoßen der Gliedmaßen äußert. Schwung bedingt also willige Hergabe des ganzen Pferdekörpers und schließt völlige Zwanglosigkeit in sich. Krampfhafte und zuckende Bewegungen der Gliedmaßen sind Kennzeichen fehlerhafter Spannung, die ihren Sitz zumeist im Rücken hat. Auffallender Gang, der sich in der Regel durch hohes Erheben und Strecken der Vorderbeine äußert, ist keineswegs immer gleichbedeutend mit Schwung und mag daher den Laien begeistern, darf aber nicht den Richter und fachmännisch gebildeten Zuschauer irreführen.

Gehorsam, das andere Kennzeichen des gerittenen Pferdes, kommt in Folgsamkeit auf die Reiterhilfen zum Ausdruck. Das gehorsame Pferd soll nicht nur alle verlangten

Übungen ohne Widerstreben richtig ausführen, sondern auch die befohlenen Gangarten und Gangmaße sowie die vorgeschriebenen Hufschlaglinien genau innehalten.

Die Reitkunst des Reiters zeigt sich in seinem Sitz und seiner Einwirkung. Je ruhiger er sitzt, und je prompter seine unauffälligen Hilfen wirken, desto höher ist seine Reitfertigkeit zu bewerten. Nicht steife, straffe Körperhaltung, sondern weiches Sichanpassen an die Bewegungen des Pferdes kennzeichnen den guten Sitz.

Am Sitz des Reiters erkennt der Fachmann aber auch zugleich, wie das Pferd geht. Denn nur auf einem zwanglos und schwunghaft gehen den Pferde kann man gut sitzen. Somit gewinnt der Sitz des Reiters beim Richten in Dressurprüfungen entscheidende Bedeutung.

Allgemeines. Haltung und Kennzeichen des gut gerittenen Pferdes.

Die sich dem Auge bietende äußere Form des gerittenen Pferdes, seine Haltung, soll sich von der des rohen Pferdes durch Senkung der Hinterhand und Aufrichtung der Vorhand unterscheiden. Indem die Hinterbeine sich in ihren Gelenken, namentlich den beiden oberen, den Hanken, vermehrt biegen, übernehmen sie einen Teil des von den Vorderbeinen getragenen Gewichts und entlasten diese. Hierdurch wird eine Verbesserung des natürlichen Gleichgewichts des Pferdes bewirkt.

Die Haltung eines Pferdes kann nicht bei allen Übungen die gleiche bleiben; der Rahmen, den es ausfüllt, wird vielmehr bald enger bald weiter sein, je nach dem Grad der ihm abverlangten Versammlung. Diese wiederum muss der jeweilig geforderten Übung, insbesondere der Stärke der Gangart angepasst sein. Haltung und Versammlungsgrad lassen sich daher niemals für sich allein beurteilen; sie sind nur richtig, wenn sich das Pferd darin leicht und schwungvoll fortbewegt und vom Reiter mit Sicherheit beherrscht wird.

Senkung der Hinterhand und Aufrichtung der Vorhand stehen stets in engen Wechselbeziehungen zueinander. Denn einerseits ist Aufrichtung zunächst das Ergebnis erzielter

Hankenbiegung, andererseits bietet sie wiederum das Mittel, den Grad der Belastung der Hinterhand genau zu bestimmen. Indem sie nämlich die Halswirbel auf- und rückwärts richtet, ermöglicht sie es dem Reiter, mittels Gebiss und Zügel hebelartig auf Rücken und Hinterhand zu wirken. Dazu muss aber Aufrichtung mit richtiger Biegung des Halses und williger Hergabe des Genicks verbunden sein, da nur so die für richtige Zügeleinwirkung nötige Durchlässigkeit sichergestellt werden kann.

Die günstigste Hebelwirkung bietet eine Stellung, in der der Hals, ohne dass der Unterhals heraustritt, sich frei aus dem Widerrist erhebt und mit dem oberen Teil der Kammlinie einen sanft gewölbten Bogen bildet, dessen höchster Punkt das Genick ist, der Kopf aber mit seinem vorderen Rande etwas vor der Senkrechten so getragen wird, dass das Mundstück etwa in Höhe der Hüften steht. Man darf jedoch nicht von allen Pferden eine gleiche Stellung von Hals und Kopf verlangen. Diese muss vielmehr unter Berücksichtigung des Gebäudes stets so gewählt werden, dass das Pferd in der Entfaltung seiner natürlichen Kräfte, und zwar vor allem im Gebrauch seiner Gliedmaßen nicht behindert wird. Ungünstig gebauter und angesetzter Hals, kurzes Genickstück mit eng gestellten, breiten Unterkieferbeinen (Ganaschen), weicher langer Rücken und schwache Hinterbeine bedingen Abweichungen. Von einem Pferd, das an einer Dressurprüfung teilnimmt, muss aber verlangt werden, dass es sich mit an der Schulter festgestelltem und nach dem Widerrist zurückgeschobenem, in sich geschlossenem und geradegerichtetem Halse bei hergebenem Genick selbst trägt, also in Selbsthaltung geht.

Die senkrechte Stellung der Stirnlinie soll nur erreicht werden, wenn ein annehmender Zügelanzug wirkt. Vorübergehendes Zurückgehen der Pferdenase hinter die Senkrechte ist aber ein geringerer Fehler als Gegendrücken gegen die Hand nach oben mit undurchlässigem Genick. Im Pferde muss nur das sichtbare Streben erkennbar sein, die Nase sofort wieder vorzunehmen und sich an das Gebiss heranzustrecken.

Falsch, und zwar zu eng, sind Kopf- und Halsstellung, wenn das Pferd den Zügel nicht annimmt oder sich auf den Zügel auflegt und dabei im Halse aufrollt. Ein solches Pferd ist hinter dem Schenkel; der Teil des Pferdes, den der Reiter vor sich hat, erscheint kürzer als der hinter ihm liegende. Ebenso fehlerhaft ist eine zu hohe Halsstellung, bei der die Zügeleinwirkung über den Pferdekörper hin weggeht und den Rücken zu stark herabdrückt. Sie hat ihren Grund in zu hoher Aufrichtung. Zusammenstellung von Hals und Kopf sowie Biegung der Hinterhand müssen somit stets in Einklang miteinander stehen.

Das Pferd muss die ihm abgeforderte Haltung augenscheinlich zwanglos annehmen, wofür bedingungslose Hergabe aller seiner Muskeln und Gelenke unbedingtes Erfordernis ist. Ganz besonders sollen die Muskeln des Rückens, die in die Hinterhand übergreifen und sie mit der Vorhand verbinden, ohne jede krampfhafte Spannung federnd arbeiten. Hierauf zu achten und vorhandene Mängel mit Sicherheit zu erkennen, ist die wichtigste Aufgabe jedes Dressurrichters und jedes Zuschauers, der den Wert von Dressurleistungen reiterlich richtig einschätzen will. Fehlerhafte Rückentätigkeit äußert sich am deutlichsten am unruhigen Sitz des Reiters.

Harter Wurf im Trabe und vom Pferdeleib fortgestoßene Unterschenkel deuten stets auf fehlerhafte Spannung im Rücken. Außerdem lässt beim Pferde auch ein festgehaltener oder dauernd unruhiger Schweif erkennen, dass noch Mängel in der Rückentätigkeit vorhanden sind.

Für den Gehorsam des Pferdes ist es von ausschlaggebender Bedeutung, dass Vorhand und Hinterhand richtig aufeinander eingerichtet sind. Dazu muss das auf einem Hufschlag gehende Pferd sich stets mit der Längsachse seines Körpers der abzuschreitenden Hufschlaglinie anpassen, gleichviel ob diese gerade oder gebogen ist. Das Pferd muss also geradegerichtet sein. Darunter ist aber keineswegs, auch auf gerader Hufschlaglinie nicht, eine völlig ungebogene Körperhaltung, eine reine Geradeausstellung zu verstehen, sondern die Vorderfüße sollen nur unter allen Umständen, selbst in den Seitengängen, den Hinterfüßen voranschreiten, die ihrerseits wiederum den Vorderfüßen unbedingt folgen müssen, indem sie stets in Richtung der Bewegung und niemals seitwärts von ihr treten. Dies allein verbürgt gleichmäßige Anlehnung an beide Zügel und somit Schwung und Gehorsam.

Bei allen versammelten Gängen, beim Galopp, bei den Seitengängen sowie beim Reiten auf gebogener Hufschlaglinie, also in den Ecken, in den Wendungen, auf dem Zirkel und der Volte muss das Pferd richtig gestellt sein. Stellung bedingt eine durch das ganze Pferd hindurchgehende, gleichmäßige Längsbiegung seines Oberkörpers. Der Hals als dessen beweglichster Teil darf daher keine stärkere seitliche Biegung zeigen als Genick und Rumpf, die nur geringe seitliche Beweglichkeit besitzen.

Beim dressurmäßigen Reiten auf dem Viereck wird auch in freieren Gängen eine kaum sichtbare Stellung des Pferdes nach innen von Nutzen sein. Dazu zwingt schon der Umstand, dass das Pferd in den Schultern schmaler ist als in den Hüften. In der Bahn neigt es daher dazu, mit seiner äußeren Seite gleichlaufend zur Bande zu gehen, und gelangt so in eine schiefe Richtung, indem der inwendige Hinterfuß dadurch zum Abweichen nach innen veranlasst wird. Um dies zu verhindern, führt der geschickte Reiter sein Pferd auch auf gerader Hufschlaglinie stets derart, dass die ganze inwendige Seite des Pferdes, also inneres Ohr, innerer Nüsternrand, innere Schulter und Hüfte, gleichlaufend zur Hufschlaglinie gerichtet sind, was bereits eine geringe Längsbiegung in sich schließt, wenn nicht Ausfallen des auswendigen Hinterfußes die Folge sein soll.

Die bei den meisten Pferden von Natur vorhandene Neigung zu schiefer Körperhaltung setzt der Geraderichtung noch besondere Schwierigkeiten entgegen. Schiefe äußert sich darin, dass ein Hinterfuß, in der Regel der rechte, seitwärts tritt, und die entgegen gesetzte Schulter, also meist die linke, ausfällt. Das Pferd geht somit in einer gewissen falschen Rechts-Traversstellung. Diesen Umstand muss der Reiter, je nachdem er auf der rechten oder linken Hand reitet, besonders berücksichtigen, um gleichmäßige Anlehnung an beide Zügel sicherzustellen.

Zusammenfassend lässt sich das Gesamtbild des gut gerittenen Pferdes folgendermaßen kennzeichnen:

Sicher und leicht auf- und abfußend, bewegt es sich in reiner Fußfolge, aus eigenem Antrieb eifrig vorwärtsstrebend und doch ohne jede Unruhe und Eile, auf den angewiesenen Hufschlaglinien willig und zwanglos dahin. Der Hals wölbt sich vor dem Reiter in gleichmäßigem Bogen nach oben, der Kopf ist bei hergegebenem Genick so weit heran gestellt, dass die Stirnlinie etwas vor der Senkrechten steht. Die Ohren bilden den höchsten Punkt, sind weder nach vorn gespitzt noch angelegt, sondern geben durch ihre natürliche Haltung die Willigkeit des Pferdes und seine Achtsamkeit auf den Reiter zu erkennen. Das Auge ist vertrauensvoll nach vorn auf den abzuschreitenden Weg gelenkt, das Maul geschlossen, und doch deutet leichter Schaum darauf hin, dass das Pferd am Gebiss kaut, ohne dass man irgendwelches Knirschen hört. Die Zügel befinden sich, ohne Falten zu schlagen, in gleichmäßiger und steter Anlehnung, man sieht aber am Federn der Kandarenanzüge, dass sie nur ganz leicht anstehen und durch vertrauensvolles Herantreten des Pferdes an das Gebiss in einer gewissen Spannung erhalten werden. Bei vorübergehendem Nachgeben der Hand behält das Pferd Haltung und taktmäßigen Gang bei und zeigt damit, dass es sich nicht auf den Zügel stützt, sondern selbst trägt. Gibt der Reiter vermehrt nach oder verlängert er den Zügel, so streckt es Kopf und Hals vertrauensvoll nach vorn, ohne nach unten zu bohren oder nach oben zu schlagen. Es sucht gleichsam den Zügel.

Unmerkliches, leichtes Schließen der Hand bringt das Pferd in eine kürzere Gangart oder zum Halten, wobei es in voller Haltung, auf allen vier Beinen die Last tragend, unbeweglich stillsteht. Auf leichten Schenkeldruck nimmt es sofort ohne Zögern die verlangte Gangart an.

Alle Bewegungen sind völlig frei von Zwang und erfolgen offen sichtlich aus dem in leichten Schwingungen federnden

Rücken. Der ruhige, gefällige Sitz des Reiters gibt Zeugnis davon, wie wohl er sich auf dem Pferde fühlt und wie bequem es geht. Und doch ist alles im Schwung! Jeder Tritt und jeder Sprung erfolgt aus den sich in ihren oberen Gelenken willig biegenden und kraftvoll abfußenden Hinterbeinen, die den Pferdekörper je nach dem Versammlungsgrade und der Stärke der Gangart entweder kraftvoll vorwärts schieben oder ihn vermehrt stützen. Dabei entziehen sie sich in den freieren Gängen trotzdem nicht ihrer Aufgabe, die Vorhand zu entlasten, und behalten andererseits in den versammelten Gängen, in denen sie in verstärkter Biegung ihre Schubkraft zugunsten ihrer Tragkraft einschränken, doch ihren kräftigen Abschub. Sie befähigen dadurch die Vorderbeine zu leichtem abfußen und gestatten ihnen, entweder in freiem Vortritt nach vorwärts Raum zu gewinnen, oder unter Einschränkung der raumgreifenden Vorwärtsbewegung aus der Schulter heraus bei beinahe waagerecht erhobenem Vorarm erhabener zu treten und vom Boden, ihn scheinbar nur leicht berührend, elastisch federnd abzufußen.

Von der Seite gesehen hat man den Eindruck, als ob der Reiter in der Mitte des Pferdekörpers sitzt, indem er eben soviel vom Pferde vor wie hinter sich hat. Von den Ohren bis zum leicht und locker getragenen Schweif verläuft die obere Linie des Pferdes in einem leicht geschwungenen, wellenförmigen Bogen; nirgends ist eine scharfe Ecke. Der Widerrist steht etwas höher wie der höchste Teil der Kruppe.

Von vorn gesehen fußt niemals, außer in den Seitengängen, ein Hinterfuß seitlich des Hufschlags der Vorderfüße. Der Pferdekopf steht senkrecht, so dass beide Ohren sich in gleicher Höhe befinden, der Hals ist in Verlängerung des Pferdekörpers gerade nach vorn gerichtet, wobei beim Reiten mit Stellung innere Stirnseite, innere Schulter und innere Hüfte etwa in einer Linie stehen. Die Schultern des Reiters ragen auf beiden Seiten des Pferdehalses gleichmäßig hervor, sein Kopf erscheint mitten über den Pferdeohren.#

Pferd und Reiter sind scheinbar miteinander verschmolzen, sie bilden gleichsam ein fein ausbalanciertes Ganzes, ein lebendes Kunstwerk, das durch seine gefällige äußere Form und seine anmutigen, mit der Genauigkeit eines Uhrwerkes geregelten und doch kraftvollen Bewegungen schön wirkt.

Ausführung und Beurteilung der bei der Prüfung geforderten Übungen.

Halten.

Im Halten soll das Pferd, auf allen vier Beinen die Last tragend, senkrecht zur gegenüberliegenden Seite völlig stillstehen, es darf also weder auf einem Beine ruhen noch hin- und hertreten. Die Vorderbeine sollen sich dabei in senkrechter Stellung in gleicher Höhe nebeneinander befinden, die Hinterbeine so weit herangestellt sein, dass eine durch die Hüften gedachte Senkrechte etwa die Zehen trifft. Kopf und Hals sind zurückgenommen und in ruhiger und steter Stellung. Die zu fordernde Aufrichtung richtet sich nach Gebäude und Dressurgrad des Pferdes. Verlangt wird jedoch, dass jedes Pferd, das an einer Dressurprüfung teilnimmt, im Halten mit geschlossenem aber tätigem Maul sicher am Zügel steht, bereit, einer leichten vortreibenden Hilfe sofort willig Folge zu leisten. Bei noch nicht fertig durchgerittenen Pferden (Klasse A und L) muss man im Halten die Anforderungen bezüglich Aufrichtung und Heranstellen der Hinterbeine verringern, und darf richtiges Amzügelstehen nur für kurze Augenblicke verlangen. Andererseits sprechen einwandfreie Stellung und Haltung des Pferdes auf der Stelle schon für gutes Gerittensein.

1. Pferd im Halten in Versammlung. - Gruß

Schritt.

Bei Dressurprüfungen werden drei Schrittarten verlangt: der freie Schritt am langen Zügel, der versammelte Schritt am Zügel und der lange Schritt mit hingegebenem Zügel.

Der freie Schritt ist der eigentliche Gebrauchsschritt. In ihm sollen Selbsthaltung und Zwanglosigkeit zum Ausdruck kommen. Er muss rein, taktmäßig, raumgreifend und frei sein. Dazu muss das Pferd in ungezwungener Haltung am längeren, aber leicht anstehenden Zügel zwanglos und fleißig vorwärtsschreiten; die Hinterfüße treten etwa in die Fußspuren der Vorderfüße. Ungleiche Folge der Hinterbeine, Mängel in Geraderichtung, Durchlässigkeit und Selbsthaltung machen sich gerade in dieser schreitenden Gangart deutlich bemerkbar. Andererseits neigen lebhafte Pferde häufig dazu, sich dabei zu verhalten, namentlich wenn sofort nach dem Einreiten im freien Schritt angeritten werden muss; sie strecken sich nicht gleich an das Gebiss heran und zackeln, wenn sie vorgetrieben werden. Für den Reiter ergibt sich hieraus die Mahnung, diese Schrittart täglich, und zwar häufig sofort beim ersten Anreiten nach dem Aufsitzen, zum Gegenstand der Übung zu machen. Der Richter aber prüfe sorgfältig, ob man gelhafte Ausführung falscher Dressur oder Temperamentsschwierigkeiten zuzumessen ist.

Im versammelten Schritt soll das Pferd mit gesenkter Hinterhand und aufgerichteter Vorhand bei hergegebenem Genick in wenig raumgreifenden, aber ausgeprägten, reinen Tritten entschlossen am Zügel vorwärtsgehen. Piaffeartige, halbe Tritte sind fehlerhaft; der Gang muss schreitend bleiben und in reiner Fußsetzung erfolgen. Das Pferd soll jederzeit bereit sein, sofort in eine höhere

2. Freier Schritt am langen Zügel.

Gangart überzugehen oder enge und kurze Wendungen auszuführen.

Langen Schritt reitet man im Gebrauch zur Erholung des Pferdes. Bei Dressurprüfungen dient er aber auch dazu, fehlerhafte Einwirkungen des Reiters festzustellen, da sich gerade an Gang und Haltung, die ein Pferd nach vorhergegangenen Übungen in erhöhter Versammlung im Schritt bei ganz hingegebenen Zügeln zeigt, deutlich erkennen lässt, ob ihm vorher in Rücken, Maul oder Genick wehgetan und im Temperament geschadet worden ist.

Das Pferd soll im langen Schritt in ganz freier, natürlicher Haltung bei langgestrecktem Hals und vorgenommener Nase mit möglichst raumgreifenden, eifrigen Tritten, ohne sich zu übereilen, viel Boden gewinnen und keinerlei Unruhe oder Missbehagen zeigen. Es sucht gleichsam durch Strecken nach der Anlehnung. Der Schweif pendelt im Takte des Ganges. Gute Ausführung kennzeichnet sich dadurch, dass das Pferd beim Übergang zum langen Schritt dem Reiter die Zügel gleichsam aus der leicht geöffneten Hand bis ans Ende herauszieht, ohne dabei in die Tiefe zu stoßen oder mit dem Kopf zu schlagen.

Auf Ausbildung der Schrittarten durch sorgsame Erhaltung und Vervollkommnung des natürlichen Schritts ist bei Vorbereitung der Pferde zu Dressurprüfungen besonderer Wert zu legen. Jeder Reiter muss sich bewusst sein, dass offensichtliche Mängel in dieser Gangart die Beurteilung ungünstig beeinflussen, ganz besonders auch in internationalen Prüfungen.

3. Versammelter Schritt am Zügel.

Trab.

Im Trabe unterscheiden wir Arbeits-, abgekürzten oder verkürzten, Mittel- und starken Trab.

Arbeitstrab findet bei Dressurprüfungen nur in Klasse A Anwendung. Man reitet ihn aber auch bei der Dressur fortgeschrittener Pferde mit Nutzen zur Einleitung der täglichen Tagesarbeit oder zur Vorbereitung für die anschließende Einzelprüfung, um zunächst völlige Zwanglosigkeit zu erzielen, bevor man erhöhte Anforderungen bezüglich Haltung, Versammlung und Gangleistung stellt. Ein bestimmtes Gangmaß gibt es im Arbeitstrab nicht; er muss unter Berücksichtigung des Dressurzweckes der Eigenart und dem Dressurgrad des einzelnen Pferdes angepasst werden.

Mitteltrab ist dasjenige Gangmaß des Trabs, in dem Geräumigkeit, Schwung, Gleichgewicht und Selbsthaltung klar zum Ausdruck kommen müssen. An der Art seiner Ausführung erkennt man am besten, ob die Dressur eines Pferdes richtig aufgebaut ist.

Das Pferd soll im Mitteltrab in gleichmäßigen, fleißigen und raumgreifenden Tritten schwunghaft vorwärts gehen. Der kräftige Abschub der unter der Last fußen den und sie in gebogener Stellung tragenden Hinterbeine muss das Pferd zu leichtem Abfedern und freiem Erheben der Vorderbeine befähigen. Diese sollen dorthin treten, wohin die erhobene Zehenspitze zeigt. Krampfhaftes Strecken der Vorderbeine ist fehlerhaft und ein Zeichen falscher Spannung. Die Hinterbeine müssen nahe beieinander bleiben und etwa in die Spur der gleichseitigen Vorderhufe fußen.

Im abgekürzten Trabe wird der Rahmen des Pferdes enger; es biegt vermehrt die Hinterhand und richtet den Hals

4. Langer Schritt mit hingegebenem Zügel.

freier aus dem Widerrist heraus. Die Anlehnung wird leichter, darf aber nicht ganz verlorengehen. Die Trabtritte sollen erhabener und weniger raumgreifend sein als im Mitteltrab, aber schwungvoll, fleißig und fließend bleiben. Die Hinterfüße dürfen nicht breit auseinandertreten, sondern müssen eine schmale Hufspur bilden. Schleppende oder schwebende, passageartige Tritte sind grobe Mängel und deuten auf falsche Spannung, bewirkt durch fehlerhafte Versammlung mit der Hand.

Verkürzter Trab ist die noch unvollkommene Form des abgekürzten Trabs. Er kommt nur in Dressurprüfungen Klasse L zur Anwendung und unterscheidet sich vom abgekürzten Trabe allein durch geringere Versammlung und im Verfolg davon durch ein noch freieres Gangmaß und geringeren Ausdruck im Tritt.

Im starken Trab sollen die Tritte in folge des besonders kräftigen Abschubs der Hinterbeine noch raumgreifender und kraftvoller, aber nicht eiliger werden als im Mitteltrab. Das Pferd soll bei vollendeter Ausführung aus gesenkter Hinterhand in mächtigen, weit ausgreifenden Tritten gleichsam über den Boden fliegen. Trotz des weiteren Rahmens muss der Hals, frei getragen, mit etwas vorgerichteter Nase vor dem Reiter stehen, der dem Pferde die tiefgestellte Hand in steter Stellung hinhält, damit es etwas mehr Anlehnung am Gebiss nehmen kann. Volle Schwungentwicklung bis zum starken Trabe ist ohne Anlehnung unmöglich. Diese muss aber immer federnd bleiben und darf niemals zum Auflegen oder gar Auflümmeln auf die Hand ausarten.

Pferde, die sich auf das Gebiss werfen und mit gestrecktem Hals vorwärtsstürmen, sind gezwungen, mit den Hinter-

5. Mitteltrab.

beinen über die Vorderfusstapfen hinwegzutreten. Sie greifen sich daher in die Vorderhufe oder treten, um dies zu vermeiden, breit an ihnen außen vorbei. Der Richter muss diese Fehler erkennen und darf die Leistung solcher Pferde nicht höher bewerten als die an derer, die zwar weniger Raum nach vorn gewinnen, aber, das Gangmaß nur etwas über Mitteltrab verlängernd, ihre gute Haltung und richtige Fußsetzung beibehalten.

Der starke Trab kann in höchster Vollendung nur vom gut veranlagten und fertig durchgerittenen Pferde gezeigt werden. Bei weniger fortgeschrittenem Dressurgrade (Klasse L) darf man daher aus dem Mitteltrab nur so viel zulegen, dass kein Eilen entsteht, und die Haltung nicht verloren geht.
Starker Trab wird nur auf geraden Linien und kurzen Strecken geritten. Auf dem Viereck entwickelt man ihn nur auf den langen Seiten. Um das Pferd nicht durch harten Wurf zu stören, kann es sich zwar bei der Einübung empfehlen, leicht zu traben. Bei der Vorführung muss der Reiter aber in der Lage sein, auch im starken Trabe auszusitzen und am Sattel zu bleiben. Dies wird ihm nur gelingen, wenn der Rücken des Pferdes zwanglos arbeitet, und er es mit seinem Sitz nicht stört. Der starke Trab ist sowohl ein Prüfstein für das Pferd bezüglich des in ihm begründeten Schwunges, wie auch für den Reiter bezüglich seiner Fähigkeit, Schwung zu entwickeln.

Das Antraben aus Schritt und Halten muss sich leicht und ohne sichtbare Hilfe vollziehen. Bei fertig durchgerittenen Pferden muss gleich der erste Tritt ein Trabtritt sein. Ebenso müssen die Übergänge aus dem kürzeren zum freieren Trabe und umgekehrt leicht und fließend

6. Abgekürzter Trab.

ausgeführt werden. Sofortiges, lebhaftes Antreten aus der Versammlung zum freieren Trabe lässt erkennen, dass der für die Beurteilung des Gerittenseins eines Pferdes so wichtige starke Trieb nach vorn fest begründet ist. Andererseits ist der schnelle und schmiegsame Übergang zum kürzeren Trabe, bei der die kaum wahrnehmbare halbe Parade deutlich vom Maul bis zum Hinterfuß durchgeht und das Pferd zum sofortigen Zurückrichten von Kopf und Hals und williger Gewichtsaufnahme mit den gebogen untergelaufenen Hinterbeinen veranlasst, ein gutes Zeichen für die Durchlässigkeit. Das Pferd soll aus dem freieren zum kürzeren Trabe Schwung und Lebhaftigkeit, aus dem kürzeren in den freieren Trab erhabenere Tritte und verbesserte Haltung mit hinübernehmen.

Beim Leichttraben muss der Reiter sich bemühen, seinen Sitz möglichst wenig zu verändern. Dazu ist erforderlich, dass er sich nicht mit steif gemachtem Kniegelenk stark im Bügel stützt und aus dem Sattel heraushebt, sondern die Beine in weicher Anlehnung am Pferdeleibe belässt und nur mit leichtem Schenkelschluss, unterstützt durch geringen Bügeltritt, abwechselnd einen Trabtritt auffängt. Nur so kann das Gesäß wie beim Aussitzen des Trabs auch beim Leichttraben am Sattel bleiben.

Im allgemeinen ist stets auf dem inwendigen Hinterfuß leichtzutraben, dieser also auszusitzen. Wechselt der Reiter die Seitenbiegung, so muss er auch gleichzeitig den Fuß wechseln, indem er zwei Tritte hintereinander aussitzt.

7. Starker Trab.

Galopp.

Zur richtigen Beurteilung der während der Vorführung im Galopp gezeigten Dressurleistungen muss man sich gerade in dieser Gangart über Körperhaltung und Zusammenwirken der Gliedmaßen bei der Bewegung völlig im Klaren sein, zumal gerade der Galopp, und zwar hauptsächlich im verkürzten Gangmaß, häufig in fehlerhafter Fußfolge und schiefer Körperhaltung vorgeführt wird.

Galopp ist eine springende Gangart, bei der nicht wie im Trabe immer die diagonalen Beine gleichzeitig fußen und den Körper abwechselnd stützen, sondern es fußt nur die äußere Diagonale, also auswendiger Vorder- und inwendiger Hinterfuß gleichzeitig. Der in wendige Vorder- und der auswendige Hinterfuß, die inwendige Diagonale, fußen aber nicht gleichzeitig und befinden sich überhaupt niemals gleichzeitig am Boden, sondern jeder von ihnen stützt den Körper vorübergehend allein. Außerdem sind in dieser Gangart zeitweise auch drei Füße am Boden.

Geht man die einzelnen Bewegungen des Galopps genauer durch, so hat nach der freien Schwebe der auswendige Hinterfuß den gesamten Pferdekörper beim Landen zunächst allein zu stützen. Dieser Aufgabe kann er nur vollkommen gerecht werden, wenn er in Richtung zum Schwerpunkt, also in Richtung zwischen beide Vorderbeine fußt. Um dies sicherzustellen, muss der Reiter durch seinen auswendigen Schenkel den äußeren Hinterfuß dorthin richten. Diese Schenkeleinwirkung darf aber nicht dazu führen, dass der in wendige Hinterfuß seitlich ausweicht, da er sich sonst seiner Aufgabe, im Verein mit dem auswendigen Vorderfuß die Hauptlast des Körpers zu stützen, zum Teil entzieht und sie seinem Partner verstärkt aufbürdet. Außerdem kommt der Pferdekörper dadurch in eine schiefe Richtung, indem entsprechend der Abweichung des inwendigen Hinterfußes nach innen die auswendige Schulter nach außen ausfällt. Um dies zu verhindern, den Pferdekörper also geradegerichtet zu erhalten, muss der inwendige Schenkel den gleichseitigen Hinterfuß durch Einwirkung am Gurt dazu anhalten, unter die Last, und zwar in Richtung auf den inwendigen Vorderfuß zu fußen. Diese Fußsetzung bedingt aber eine gewisse Längsbiegung des gesamten Pferdekörpers. Wenn daher, wie im allgemeinen Teil vorausgeschickt wurde, schon an sich das Reiten auf dem Viereck stets eine geringe, wenn auch kaum sichtbare Seitenbiegung nach innen erforderlich macht, so ist besonders schulgerechter Galopp mit richtiger Fußsetzung ohne solche Biegung undenkbar. Diese hat zwar einen gewissen traversartigen Anklang, darf aber nie zu traversartigem Gehen führen. Bei allen Galoppübungen ist daher auf unbedin gte Geraderichtung, und zwar auf genaues Spuren der in wendigen Füße zu achten. Dies gilt auch für die Entwicklung des Galopps und für den Kontergalopp.

Die Gangmaße des Galopps sind: Arbeitsgalopp, abgekürzter oder verkürzter Galopp, Mittel und starker Galopp.

Alle Gangmaße des Galopps sollen möglichst den gleichen Takt haben und sich nur durch die geringere oder größere Geräumigkeit der Sprünge voneinander unterscheiden. Ebenso muss die Fußfolge immer die gleiche bleiben und einen klaren Dreitakt aufweisen.

Arbeitsgalopp dient gleichen Zwecken wie Arbeitstrab und wird ebenso wie dieser nur in Dressurprüfungen Klasse A angewendet. Auch für ihn gibt es kein bestimmtes Gangmaß, sondern man muss ihn der Eigenart und dem Dressurgrade des Pferdes anpassen.

Im abgekürzten Galopp gewinnt das Pferd nur wenig Boden; die einzelnen Sprünge werden erhabener, was erhöhte Versammlung bedingt. Das Pferd soll bei jedem Sprung mit den in den Hanken gut gebogenen Hinterbeinen vermehrt Last aufnehmen und dadurch in seiner Halsstellung erhabener und freier werden. Zur Erzielung guter Galoppversammlung muss der Reiter bei jedem Sprung mit dem am Gurt in steter Fühlung mit dem Pferdeleibe bleibenden inneren Schenkel den in wendigen Hinterfuß zu lebhaftem Unterspringen unter die Last anhalten und mit leicht vorgetragener Hand den Galoppsprung taktmäßig herauslassen. Die Pferdenase muss hierdurch gleichsam bei jedem Sprung nach vorn geschoben werden.

Man achte im abgekürzten Galopp besonders darauf, dass sich stets ein bestimmtes, fleißiges Unterspringen der Hinterfüße bemerkbar macht. Hört dies auf, fangen die Hinterfüße an zu schleppen, zu schreiten, so ist der Galopp mit der Hand falsch verkürzt worden. Ein Pferd, das etwas freier galoppiert, aber seine richtige, fleißige Fußfolge beibehält, ist, sofern es sich selbst trägt, höher zu bewerten als dasjenige, das zwar kürzer galoppiert, aber dabei den lebhaften Sprung verliert.

Für den verkürzten Galopp gilt das gleiche wie für den verkürzten Trab. Er ist die unvollendete Form des abgekürzten Galopps und wird nur in Dressurprüfungen Kl. I. geritten. Der Reiter muss aber noch mehr wie im verkürzten Trabe darauf achten, dass die Verkürzung des Gangmaßes nicht auf Kosten des lebhaften Sprunges erfolgt.

8. Abgekürzter Galopp links.

Im Mittelgalopp sind die einzelnen Sprünge infolge des kräftigen Abschiebens der Hinterbeine länger und flacher als im abgekürzten Galopp. Das Pferd muss sich trotz weniger erhabener Stellung von Kopf und Hals doch selbst tragen und mit federnden Rückenmuskeln in ruhigen, gleichmäßigen Sprüngen kraftvoll vorwärts bewegen. Der Reiter soll jederzeit in der Lage sein, mit der Zügelhand vorübergehend im Takt des Ganges über den Hals zu streichen, ohne dass gleichmäßiger Sprung und gute Haltung verloren gehen.

Beim Verstärken des Galopps darf das Pferd nicht fortstürmen und auf die Hand kommen. Indem der Reiter ihm gestattet, den Hals länger zu machen und die Nase etwas vorzunehmen, muss er mit vermehrt treibenden Hilfen den Galoppsprung wachsend verlängern. Das Pferd soll nicht kurze, sich rasch folgende, sondern lange, möglichst weitgreifende Sprünge machen. Trotz der bestimmter werd enden Anlehnung muss völlige Durchlässigkeit erhalten bleiben. Je stärker das Gangmaß ist, umso besser muss der Reiter im Sitz mitgehen.

Starker Galopp kann nur im Freien auf längeren Linien geritten werden. Auf dem Viereck kann man nur den Mittelgalopp etwas verstärken, und zwar ebenso wie beim Trabe nur an den langen Seiten. Vor den Ecken ist das Gangmaß rechtzeitig einzufangen. Das Durchgehen der halben Parade und die Art, wie das Pferd, ohne mit der Hinterhand zu schleudern oder umzuspringen, durch die Ecken geht, lassen erkennen, ob Durchlässigkeit und Selbsthaltung auch im verstärkten Gebrauchsgang gesichert sind.

Das Angaloppieren soll sich ruhig und weich auf leichte, kaum sichtbare Hilfen vollziehen. Das Pferd darf dabei trotz richtiger Stellung unter keinen Umständen auf

9. Mittelgalopp rechts.

zwei Hufschläge gestellt sein, sondern muss geradegerichtet bleiben. Dazu muss der in wendige, dicht am Gurt liegende Schenkel sowohl das Hineinstellen der Hinterhand verhindern als auch den Anstoß zum Anspringen geben. Beim durchgerittenen Pferde muss die Entwicklung des Galopps sofort von der Stelle erfolgen können, bei weniger fortgeschrittenem Dressurgrade (Klasse L) ist es statthaft, zunächst im Schritt anzureiten. Wenn das Angaloppieren nicht ausdrücklich aus dem Trabe verlangt wird, muss es stets unmittelbar aus dem Schritt, ohne dazwischen geschobene Trabtritte, ausgeführt werden.

Fußwechsel im Galopp kann entweder nach vorhergeher der Parade zum Trab, Schritt oder Halten (einfacher Galoppwechsel) oder durch unmittelbares Umspringen im Galopp (fliegender Galoppwechsel) ausgeführt werden. Gefordert ist dieser nur in Dressurprüfungen Kl. S.

Zum einfachen Galoppwechsel muss das Pferd geradegerichtet durchpariert, umgestellt und mit kaum sichtbaren Hilfen auf einem Hufschlag wieder angaloppiert werden. Wird nicht ausdrücklich in der Aufgabe der Übergang zum Trab oder Halten verlangt, so pariert man vor dem Wechsel zum Schritt durch. Je leichter und schneller die Parade durchgeht, umso schneller kann der Galopp neu entwickelt werden.

Fliegender Galoppwechsel muss fließend in guter Vorwärtsbewegung und ebenfalls auf einem Hufschlag erfolgen. Das Pferd darf dabei also nicht schräg gestellt oder zur Seite geworfen werden. Die Reiterhilfen müssen möglichst unauffällig sein und vorherrschend in Umsitzen und Umstellen bestehen. Hin- und Herwerfen des Oberkörpers,

10. Verstärkter Galopp.

zu weites Zurückfassen mit dem neuen auswendigen Schenkel, nach Vornfliegen des neuen in wendigen Schenkels sind fehlerhaft. Das Pferd soll aus der freien Schwebe mit Vorder- und Hinterbeinen gleichzeitig umspringen und darf die Kruppe nicht hochwerfen. Je weniger Hilfen man sieht, je gerader der Hufbeschlag bleibt und je ruhiger das Pferd den Fuß wechselt, umso besser ist die Ausführung.

Schlecht ausgeführter fliegender Galoppwechsel, zu dem man jedes Pferd abrichten kann, ist ein Beweis mangelnden reiterlichen Verständnisses. Man soll daher fliegenden Galoppwechsel in Dressurprüfungen Kl. M, in denen er unter Umständen statthaft ist, nur zeigen, wenn das Pferd ihn leicht und flüssig ausführt, und der einfache Wechsel durchaus sicher ist.

Paraden.

Folgsamkeit des Pferdes auf die Paraden ist zu seiner Beherrschung im Gebrauch von entscheidender Bedeutung. Ihre gute Ausführung wird daher bei der Vorführung sehr hoch in Rechnung gestellt.

Die Dressur kennt halbe und ganze Paraden.

Halbe Paraden dienen je nach Stärke und Dauer der verhaltenden Zügelhilfe und nach Art der Einwirkung der unterstützenden anderen Hilfen entweder zum Übergang in eine kürzere Gangart oder nur in ein kürzeres Gangmaß. Auch rechnen dazu die zur Verbesserung von Versammlung und Haltung an gewandten leichten Erinnerungen mit der Hand. Das Pferd soll auf die halbe Parade mit gut untergeschobenen Hinterbeinen, die dadurch mittels der annehmenden Zügelhilfe nach rückwärts verlegte Last willig aufnehmen.

Nur bei tätiger Mitwirkung von Schenkel, Gesäß und Kreuz kann sie diesen Zweck erfüllen.

Die ganze Parade bringt das Pferd zum Halten. Je freier die Gangart ist, aus der sie gegeben wird, um so mehr muss sie durch halbe Paraden vorbereitet und das Annehmen der Hand durch die Hinterbeine heran holende Schenkelhilfen unterstützt werden. Die ganze Parade erfolgt nur auf gerader Linie.

Das Pferd soll nach der ganzen Parade, alle vier Beine bei untergelaufenen Hinterbeinen belastend, in aufgerichteter Stellung von Kopf und Hals völlig stillstehen. Leichtes Nachgeben der Hand muss ihm gestatten, die Nase sofort wieder vorzunehmen und gegebenenfalls die Vorderbeine bis zur senkrechten Stellung vorzusetzen. Die Hinterbeine dürfen nicht zurücktreten oder seitwärts ausweichen. Unruhige Haltung von Kopf und Hals, Herausschlagen oder Nachuntenbohren mit dem Kopf sind Kennzeichen mangelnder Durchlässigkeit oder fehlerhafter Einwirkung.

Reiten auf geraden und gebogenen Hufschlaglinien, Wendungen im Gange.

Um alle Hufschlaglinien genau einhalten zu können, sind Geraderichtung und gegebenenfalls sauber geregelte Seitenbiegung des Pferdes unbedingt erforderlich. Hierauf ist ganz besonders auf den Wechsellinien und beim Reiten neben dem Hufschlag oder auf offenem, nicht durch eine Bande oder in anderer Weise fest begrenztem Viereck zu achten.

Bei allen Wendungen und gebogenen Hufschlaglinien muss das Pferd, dem Kreisbogen entsprechend, den es abschreiten soll, in seinem ganzen Körper gleichmäßig seitlich gebogen sein. Die engste Wendung, die das Pferd noch auf einem Hufschlag ausführen kann, ist eine Volte von 6 Schritt Durchmesser. In versammelten Gängen sind die Ecken ebenfalls auf dem Viertelkreisbogen einer solchen Volte zu durchreiten. Vor- und Hinterhand müssen außer bei den Seitengängen auch auf gebogenen Linien stets auf demselben Hufschlag gehen.

Beim Reiten von Schlangenlinien mit Stellungswechsel muss das Pferd, bevor die neue Biegung genommen wird, einen Augenblick geradeaus gestellt sein, ebenso beim Wechseln durch den oder aus dem Zirkel sowie beim Reiten der Acht.

Rückwärtsrichten.

Beim Rückwärtsrichten soll das Pferd, ohne seine gute Haltung zu verlieren, die diagonalen Füße in gleichmäßigen, ruhigen Tritten abwechselnd taktmäßig in gerader Richtung zurückstellen. Auf einem durchgerittenen Pferde (Kl. M u. S) muss der Reiter die Trittzahl genau bestimmen können. Vermehrtes Einsitzen muss sofortiges Halten oder, bei gleichzeitig vortreibendem Schenkel, williges Antreten nach vorwärts zur Folge haben. Eilen, Zurückkriechen, Ausweichen nach der Seite oder breites Auseinandertreten der Hinterbeine sowie unruhige Haltung von Kopf und Hals sind die am häufigsten vorkommenden Fehler. Verweigert ein Pferd das Zurücktreten, so ist dies ein untrügliches Zeichen mangelnder Durchlässigkeit oder falscher Einwirkung.

II. Rückwärtsrichten.

Kurzkehrtwendung.

Die Kurzkehrtwendung ist eine Kehrtwendung auf der Hinterhand aus der Bewegung. Bei weniger fortgeschrittenem Dressurgrade (Klasse L) dient die Wendung auf der Hinterhand als Vorübung. Der Reiter achte bei dieser darauf, dass er zunächst die Hilfen zum Antreten gibt, bevor er die Wendung einleitet.

Bei der Kurzkehrtwendung soll sich das Pferd in der bisherigen Gangart in einigen Tritten oder Galoppsprüngen um einen Punkt herumdrehen, der unter dem inneren Hinterfuß liegt, wobei jedoch beide Hinterbeine in Bewegung bleiben müssen. Nach Beendigung der Wendung ist in der früheren Gangart weiterzureiten. Unterbrechung der Vorwärtsbewegung und Herumführen des Pferdes in die Wendung sollen sich unmittelbar aneinander anschließen. Deshalb darf die Parade nur Aufhalten im Gange zur Feststellung der Hinterhand und erhöhte Versammlung, nicht aber vollkommenes Stillstehen bewirken. Der inwendige Schenkel muss den inneren Hinterfuß am Zurücktreten, der auswendige den äußeren am Ausfallen verhindern. Zur Einübung reite man eine traversartige, allmählich verengerte Kehrtwendung und übe Kurzkehrt zunächst im Schritt. Der Reiter hüte sich, in dem Bestreben, die Wendung rasch auszuführen, mit dem Zügel rückwärts zu wirken und dadurch die Hinterhand aus der Wendung zu werfen. Richtige wendende Sitzhilfen sichern allein eine gute Ausführung. Ebenso fehlerhaft sind seitliches Fortfallen nach der Seite der Wendung sowie Ausweichen nach rückwärts. Stellungs und Galoppwechsel erfolgen erst nach vollendeter Wendung. Je weicher und fließender die Kurzkehrtwendung sich vollzieht, je

12. Kurzkehrtwendung links aus dem Schritt.

genauer das Pferd den Takt der Gangart beibehält, je weniger Hilfen man sieht und je besser Haltung, Gang und Geraderichtung des Pferdes unmittelbar nach vollführter Wendung sind, um so höher ist die Leistung zu bewerten.

Die Pirouette wird genau nach den gleichen Grundsätzen geritten und ist nur eine doppelte Kurzkehrtwendung.

Seitengänge.

In den Seitengängen soll das seitlich gebogene Pferd mit Vor- und Hinterhand auf zwei verschiedenen Hufschlägen seitwärts treten. Das Maß der Abstellung richtet sich nach dem Grad der erzielten Längsbiegung und Versammlung und darf höchstens einen Schritt betragen. Man richte sein Hauptaugenmerk besonders darauf, dass die Biegung gleichmäßig durch das ganze Pferd geht, und beide Hinterfüße dicht aneinander vorbei und in der Bewegungsrichtung vortreten. Trotz der durch die Abstellung des Pferdes bewirkten Einschränkung der Schubkraft, die es ermöglicht, die Tragkraft vermehrt in Anspruch zu nehmen, muss jene immer wirksam bleiben und sich in sicherer Anlehnung am Zügel äußern. Der Gang soll rein, taktmäßig, fließend und ausdrucksvoll sein. Seitengänge werden hauptsächlich in versammeltem Trabe geritten. Den Schritt wendet man im allgemeinen nur zur Belehrung von Reiter und Pferd, namentlich im Traversieren an. Seitengänge im Galopp gehören in das Gebiet der Hohen Schule und werden nur in Dressurprüfungen für Schulpferde oder in internationalen Preisbewerbungen verlangt.

Der Reiter darf nicht in dem Bestreben, nach innen zu sitzen, die inwendige Hüfte einziehen und mit dem Gesäß nach außen rutschen.

13. Pirouette links im Galopp.

Um diese Fehler zu vermeiden und mit der Seitwärtsbewegung mitgehen zu können, muss er auch in allen Seitengängen seine Hüften gleichlaufend zu den Hüften des Pferdes, seine Schultern gleichlaufend zu dessen Schultern halten.

Im Schulterherein soll das Pferd gleichsam um den inneren, dicht am Gurt liegenden Schenkel gebogen und mit der Vorhand so weit nach dem Inneren der Bahn hineingewendet sein, dass die äußere Schulter etwa vor die inwendige Hüfte gerichtet ist. Die inneren Füße treten vor die äußeren. Der auswendige Schenkel, hinter dem Gurt liegend, hält den gleichseitigen Hinterfuß zum Vortritt in Richtung der Abstellung an und hindert ihn dadurch am Ausfallen und Seitwärtstreten. Er muss gleichsam das Bestreben haben, das Pferd von der Bande fort in Richtung der Abstellung vorzuschieben.

Man hüte sich vor allem vor zu starkem Gebrauch des inneren Zügels und vor zu weitem Zurückfassen mit dem inneren Schenkel. Der äußere, infolge der Biegung scheinbar etwas voller anstehende Zügel muss den Hals an der Schulter geradehalten und zu starke Halsbiegung verhindern. Der innere Zügel soll locker werden und nur helfend eingreifen, um die Vorhand erneut in die Bahn zu führen und die Stellung zu erhalten.

Im Schulterherein rechts ist besonders auf reine Ganaschenbiegung zu achten, da die Pferde dazu neigen, den Kopf dabei mit tiefer gestelltem rechten Ohr im Genick nach links zu drehen. Im Schulterherein links zeigen sie dagegen Neigung, den Hals an der Schulter nach links zu verbiegen und mit dem auswendigen Hinterfuß auszufallen.

14. Schulterherein rechts im Trabe.

Im Travers ist das Pferd ebenfalls um den in wendigen, am Gurt liegenden Schenkel gebogen, aber mit der Hinterhand in die Bahn gestellt, und zwar so weit, dass die äußere Hüfte hinter die innere Schulter gerichtet ist. Die auswendigen Füße treten vor die in wendigen.

Bezüglich Sitz und Einwirkung im Travers ist folgen des zu beachten: Der vorherrschend tätige inwendige Schenkel muss den gleichseitigen Hinterfuß zum Vortritt unter die Last an halten und mit dem nach Bedarf zu verkürzenden inneren Zügel für richtige Hohlbiegung sorgen, während der äußere Zügel den Hals an der Schulter feststellt und zusammen mit dem äußeren, hinter dem Gurt liegenden Schenkel die Biegung regelt.

Man hüte sich im Travers vor zu starker Halsbiegung und zu steiler Abstellung des ungebogenen Pferdekörpers zum Hufschlag! Der Hals darf nur der allgemeinen Längsbiegung entsprechend mitgebogen werden.

Wie im Schulterherein tätiger Gebrauch des äußeren Schenkels besonders wichtig ist, so können im Travers Längs-biegung und Versammlung nur durch stetige Mitwirkung des inneren Schenkels erhalten werden.

Im Renvers liegt der Hufschlag der Vorhand wie beim Schulterherein im Innern der Bahn, der innere Vorderfuß tritt etwa auf dem inneren Hufschlagrande. Renvers ist die Konterübung von Travers. Sitz und Hilfen sind daher im Allgemeinen die gleichen. Auch zeigen sich dabei dieselben Fehler. Ganz besonders ist auch im Renvers durch lebhafte Tätigkeit des inwendigen Schenkels zu verhindern, dass die Hinterhand ausfällt.

Vor Beginn eines Seitenganges ist das Pferd zu

15. Travers rechts im Trabe.

versammeln und in die entsprechende Seiten Biegung zu nehmen. Bei Entwicklung und Beendigung aller Seitengänge wie auch bei den Übergängen aus einem Seiten gang in den anderen muss der Reiter es unbedingt vermeiden, die Hinterhand um die Vorhand herumzudrücken, weil dadurch die Hinterbeine entlastet und die Versammlung aufgehoben wird.

Beim Übergang von Travers zu Renvers mit Wechsel der Biegung muss daher zunächst wie zu Schulterherein in die Bahn gewendet und erst dann die Renversstellung durch Wechsel der Biegung gewonnen werden (Bild 28). Ebenso ist beim Übergang von Renvers zu Travers das Pferd erst auf dem Kreisbogen einer Volte, deren Hauptteil außerhalb der Bahn zu denken ist, auf einem Hufschlag ohne Wechsel der Biegung mit der Vorhand auf den Hufschlag, mit der Hinterhand in die Bahn zu führen. Aus dieser Konterschultereinstellung kann dann durch Wechsel der Biegung zu Travers übergegan gen werden (Bild 20).

Bei den Übergängen mit Wechsel der Biegung und Fußsetzung, die besonders geeignet sind, sowohl Folgsamkeit des Pferdes wie auch Reitfertigkeit des Reiters zu prüfen, muss der Reiter imstande sein, durch stete Wechselwirkung der inneren und äußeren Hilfen Vor- und Hinterhand genau auf den zugewiesenen Linien und in richtiger Längsbiegung zu erhalten.

Besondere Aufmerksamkeit verlangen Wendungen und Eckendurchreiten im Seitengange, namentlich im Schulterherein und Renvers, bei denen die Hinterhand den größeren Weg zurückzulegen hat. Der Reiter muss sich auch hierbei davor hüten, die Hinterhand um die Vorhand herum-

16. Renvers links im Trabe.

zudrücken, und bestrebt sein, durch immer erneutes Hinein-
führen der Vorhand in die Bahn den Seitengang aufrechtzuer-
halten, ohne dass regelmäßige Fußfolge und ruhiges Gangmaß
verloren gehen oder dass der Gang stockt (Bild 31).

Im Schulterherein ist es sehr nützlich, nur bis dicht vor der
neuen Wand im Seiten gang zu verbleiben, die Ecke aber auf
einem Hufschlag zu durchreiten, indem man das Pferd unter
Aufrechterhaltung der bisherigen Längsbiegung in Richtung
der Abstellung durch die Ecke führt und erst aus der Ecke
heraus erneut in Schulterhereinstellung nimmt (Bild 30).

Wenn es sich auch beim Reiten der Seitengänge empfiehlt,
das Gangmaß des Trabs etwas freier zu nehmen, damit
Schwung, fleißige Folge der Hinterbeine und sichere Zügelanlehnung erhalten bleiben, so muss doch bei der Prüfung
verlangt werden, dass Seitengänge in einem gehaltenen
Gangmaß sowie mit taktmäßigen, erhabenen und doch
fleißigen, schwungvollen Tritten vorgeführt werden.

Zu den Seitengängen rechnen auch die Traversalverschiebungen. Im Allgemeinen gilt dabei als Grundsatz, dass das Pferd
ungefähr gleichlaufend zu der Hufschlaglinie, von der die Traversalverschiebung beginnt, gerichtet bleibt. Die Vorhand muss
jedoch stets um ein geringes vorausgehen. Traversalverschiebungen werden entweder nur nach einer Seite unter Beibehalt
der Biegung oder abwechselnd nach beiden Seiten unter jedes-
maligem Wechsel der Biegung ausgeführt. Man kann also unmittelbar nach Durchreiten der Ecke vor der langen Seite das Traversieren beginnen, es bis zur Mitte der gegenüberliegenden langen
Seite fortsetzen und dort auf die andere Hand gehen oder unter
Wechsel der Stellung die neue lange Seite wieder verlassen und

17. Traversalverschiebung nach rechts im Trabe.

mit einer neuen Traversalverschiebung in entgegengesetzter Richtung auf dieselbe lange Seite, von der man die Seitwärtsbewegung begann, zurückkehren (doppelte ganze Traversallinie). Der Wechsel der Stellung und Bewegungsrichtung kann auch schon auf der Mittellinie erfolgen (doppelte halbe Traversallinie), und es können beide mehrfach, und zwar bei den ganzen Traversallinien dreimal (dreifache ganze Traversallinie) oder bei der halben Traversallinie vierfach (vierfache halbe Traversallinie) gewechselt werden.

Besonders lehrreich sind mehrfache Traversalverschiebungen von der Mittellinie aus abwechselnd nach rechts und links in bestimmter Trittzahl. Die olympische Dressuraufgabe fordert bei einem Reitviereck von 60 20 m ein-mal 3 Tritte, dann siebenmal je 6 Tritte und zum Schluss wiederum 3 Tritte. Zur schulgerechten Ausführung im Trabe muss man jedoch besser nach einer ungeraden Zahl von Tritten die Bewegungsrichtung wechseln, damit das Pferd in der Lage ist, sich mit dem bisherigen inwendigen als neuem auswendigen Vorderfuß seitlich nach der entgegen gesetzten Seite abzuschieben. Ferner achte man streng darauf, dass das Pferd bei jedem Stellungs- und Richtungswechsel einen Augenblick geradeausgestellt und mit der Vorhand im Vorwärtsgehen um die festgehaltene Hinterhand herumgeführt wird.

Beim Traversieren im Galopp mit fliegendem Wechsel spielt die Zahl der verlangten Sprünge keine Rolle.

Da Seitengänge nur dazu dienen, Gang, Haltung und Durchlässigkeit   des Pferdes sowie seine Folgsamkeit auf die Hilfen zu verbessern, so ist stets besonders darauf zu achten ob dieser Zweck erreicht ist. Es sollen also hinterher

18. Traversalverschiebung nach links im Galopp.

im abgekürzten Trabe die Tritte erhabener und schwungvoller, die Haltung freier, die Anlehnung leichter werden. Im freieren Trabe aber müssen dann durch die verbesserte Versammlung Geräumigkeit und Schwung des Ganges klar zum Ausdruck kommen.

Zur einwandfreien Beurteilung und Bewertung der Seitengänge muss man sich möglichst in Verlängerung der gerittenen Hufschlaglinien aufhalten. Dies gilt nicht nur für die Richter, sondern auch für alle Zuschauer, die ein Werturteil darüber abgeben wollen.

Sitz und Einwirkung des Reiters.

Wer die für das Gesamturteil sehr wichtige Frage: Wie sind Sitz und Einwirkung eines Reiters zu bewerten? richtig beantworten will, muss sich zunächst darüber klar werden, welche Gesichtspunkte für die im Sitz sich äußernde Körperhaltung des Reiters bestimmend sind, und welche Bedingungen dieser daher erfüllen muss, wenn man seinen Sitz im reiterlichen Sinne als gut bezeichnen soll.

Wie schon im allgemeinen Teil erläutert wurde, erkennt man an der Art, wie der Reiter sitzt, nicht nur seine Reitfertigkeit, sondern auch wie das Pferd geht. Sitz des Reiters und Gang des Pferdes stehen also in unmittelbarem Zusammenhang und in Wechselwirkung zueinander; der Gang übt Einfluss auf den Sitz, der Sitz aber in gleicher Weise Einfluss auf den Gang aus. In der Schilderung der Eigenschaften und Kennzeichen eines gut gerittenen Pferdes wurde das Gesamtbild von Reiter und Pferd zusammenfassend dahin skizziert, dass beide gleichsam zu einem fein aufeinander abgestimmten Ganzen verschmolzen sein müssten. Die ihm hiermit gestellte Anforderung kann der Reiter nur erfüllen, wenn er durch völlige Zwanglosigkeit in seiner Körperhaltung seinen Schwerpunkt stets in Übereinstimmung mit dem des Pferdes hält. Schmiegsames Eingehen in die Bewegung des Pferdes ist somit das erste und wichtigste Erfordernis eines guten Sitzes.

Von der Haltung des Körpers und der Formung der einzelnen Körperteile hängt aber auch die gesamte Hilfengebung ab. Nur aus einem richtigen Sitz können richtige Hilfen gegeben werden. Der Reiter muss daher seinem Körper und den Gliedmaßen eine Stellung geben, die ihm gestattet, rechtzeitig und richtig auf das Pferd einzuwirken.

Endlich aber tritt an den Reiter noch die Forderung heran, sich bei einer öffentlichen Prüfung trotz völliger Zwanglosigkeit doch einer aufrechten und anständigen Haltung seines Körpers zu befleißigen. Alle unnötigen Bewegungen und kleine Nachlässigkeiten im Sitz, die sich bei der Arbeit leicht einstellen, sind bei der Vorführung zu vermeiden, da sie das Gesamtbild schädigen.

Diesen drei Gesichtspunkten: Übereinstimmung mit den Bewegungen des Pferdes, richtige Einwirkung und gutes äußeres Gesamtbild, haben sich daher alle Vorschriften über Sitz und Körperhaltung unterzuordnen.

Welche Folgerungen ergeben sich nun aus diesen Anforderungen?

Ein weicher, schmiegsamer und doch ein wirkungsvoller Sitz ist zunächst von richtiger Stellung und Haltung der Wirbelsäule abhängig. Diese muss einerseits geschmeidig mit den Bewegungen des Pferdes mitfedern, andererseits doch genügend Festigkeit behalten, den Einwirkungen des Reiters als Rückhalt zu dienen. Denn ebenso wie das Rückgrat des Pferdes diesem den ungehinderten Gebrauch seiner Gliedmaßen sichern muss, ebenso muss auch das Rückgrat des Reiters seinem Sitz Halt gewähren und den Stamm bilden, von dem jede Ein wirkung ausgeht und in dem jede Einwirkung endet.

Auf einem im Gleichgewicht gehenden und sich selbst tragenden Pferde, bei dem die Rückenlinie annähernd waage- recht verläuft, muss der Reiter dazu seinen Oberkörper, einschließlich der Hüften, senkrecht halten und darf mit seinem Gesäß den Sattel nicht verlassen. Nur so wird es ihm gelingen, seinen Schwerpunkt bei allen Bewegungen stets in Übereinstimmung mit dem seine Lage dauernd wechselnden Schwerpunkt des Pferdes zu halten.

Das Gesäß kann nur am Sattel bleiben, wenn der Reiter es in voller Breite mit abgespannten Muskeln auf dem Pferderü- cken ruhen und seine Beine aus losgelassenen Hüftgelenken natürlich am Pferdeleibe herabhängen lässt. Die Schenkel müssen sich dem Pferdekörper anschmiegen, sein Tonnen- gewölbe gleichsam weich umfassen. Je mehr Berührungs- punkte der Reiter mit dem Pferdekörper hat, um so ruhiger und sicherer wird sein Sitz, um so deutlicher und schneller fühlt er die Bewegungsaugenblicke.

Dieser Sitz schafft aber nicht allein die besten Vorbedin- gungen für richtige Hilfengebung, sondern wirkt schon an sich fördernd auf Gang und Haltung des Pferdes. Denn das zwanglose Federn der Wirbelsäule wirkt in Verbindung mit dem am Sattel bleibenden Gesäß und den in weicher Fühlung am Pferde hängenden Schenkeln von selbst förderlich auf Rückentätig- keit und schwunghaften Gang des Pferdes. Der Reiter sitzt sich dieses dadurch gleichsam an die Zügel heran und weckt und erhält in ihm den starken Trieb nach vorn, dessen er zur sicheren Beherrschung des Pferdes und zur Erhaltung des Schwunges in allen Gangarten, auch in höchster Versammlung, bedarf. Denn das Pferd holt sich bei der geschilderten schmiegsamen Beinhaltung die Anregung zum lebhaften Vortreten von den Schenkeln gewissermaßen selbst, indem diese durch die seitlichen Schwingun gen des Pferdekörpers und dadurch, dass beim Abfußen eines Hinterfußes der gleichseitige Unterschenkel des Reiters in stärkere Fühlung mit dem Pferdeleib kommt, an diesen im Takt des Ganges abwechselnd heranfallen.

Ein solcher Sitz sichert außerdem nicht nur eine richtige Zügelanlehnung und ruhige Zügelführung, sondern ermöglicht es dem Reiter auch dadurch, dass die Zügel ebenfalls dabei durch die Schwingungen in stärkere und geringere Spannung gelangen, die günstigsten Augenblicke für die Einwirkungen der Hand zu erfühlen und auszunutzen. Ebenso wie die Schenkel müssen aber auch Arme und Hände dazu zweckentsprechend gehalten werden. Sie müssen, ohne Gang und Haltung des Pferdes zu stören, die leichte Anlehnung am Gebiss dauernd aufrechterhalten. Dieser Forderung können sie nur nachkommen, wenn auch sie in zwangloser Abspannung in die Bewegung des Pferdes ein gehen.

Wir erkennen aus diesen allgemeinen Grundsätzen, die der Reiter bezüglich seiner Körperhaltung beachten muss, um stets mit den Bewegungen des Pferdes im Einklang bleiben und zweckentsprechend, schnell und durchgreifend einwirken zu können, dass Natürlichkeit, Weichheit und Schmiegsamkeit die Hauptkennzeichen des guten Sitzes sind. Solcher Sitz wirkt dann auch von selbst künstlerisch schön, zumal wenn der Reiter, wie schon angedeutet, in seiner Körperhaltung etwas auf gute äußere Form achtet.

Bei der Verschiedenheit im Körperbau sowohl der Reiter als auch der Pferde ergibt sich aber auch aus den vorausgeschickten Betrachtungen, dass sich bindende Sitzregeln, insbesondere über genaue Stellung der einzelnen Körperteile und Gliedmaßen, nicht aufstellen lassen. Ein breitgeripptes Pferd mit mächtigem Tonnengewölbe verlangt eine andere Schenkellage als ein schmalgeripptes, und umgekehrt: ein Reiter mit langen, schlanken Beinen kann nicht genau ebenso sitzen wie ein Reiter mit kurzen, runden Schenkeln. Das Gleiche gilt auch in gewisser Beziehung bezüglich der Armhaltung. Denn lange Arme bei verhältnismäßig kurzem Oberkörper ein reiterlich günstiger Körperbau gestatten eine stärkere Winkelung im Ellbogengelenk als kurze Arme bei verhältnismäßig langem Oberkörper. Einen Einheitssitz, den jeder Reiter auf jedem Pferde annehmen kann, gibt es also nicht. Wohl aber lassen sich gewisse Grundsätze für die Körperhaltung des Reiters aufstellen, die er beachten muss, um reiterlich richtig sitzen, fühlen und einwirken zu können.

Diese Körperhaltung lässt sich etwa folgendermaßen kennzeichnen:

Grundlage des Sitzes sind die beiden Gesäßknochen und der Spalt. Das Gesäß ruht mit losgelassenen Muskeln in voller Breite auf dem Sattel. Die Beine hängen aus dem losgelassenen Hüftgelenk natürlich herab und halten mit ihren ganzen inneren Flächen weiche Fühlung am Pferdeleibe. Für Stetigkeit des Sitzes und richtige Einwirkung sind flache Lage des Oberschenkels, tiefes Knie und sicheres Umfassen des Pferdeleibes mit dem Unterschenkel von besonderer Wichtigkeit. Um der Wade eine leichte Anlehnung und günstige Einwirkung zu sichern, müssen die Fußspitzen etwas an gehoben und in geringem Maße vom Pferde abgewendet sein. Sie stehen ungefähr senkrecht unter dem vorderen Rande der Kniescheibe, wodurch der Unterschenkel dicht hinter dem Gurt zu liegen kommt. Weiteres Zurückfassen ist nur erforderlich, wenn der Schenkel verwahrend oder seitwärtstreibend gebraucht werden soll. Vortreibend wirkt er am günstigsten, je näher er am Gurt liegt. Die Länge der Bügel ist so zu bemessen, dass sie unter Beibehalt der geschilderten Schenkellage gleichsam durch die Schwere des Fußes auf den Ballen gehalten werden. Der Oberkörper wird zwanglos aufgerichtet und, ebenso wie die Hüften, bei mäßig angezogenem Kreuz senkrecht gehalten. Der Kopf ist frei erhoben, der Blick über den Pferdekopf gerichtet. Die Oberarme hängen aus den natürlich fallengelassenen und zwanglos zurückgenommenen Schultern ungefähr senkrecht herab und bilden mit den Unterarmen, deren mittlerer Teil sich mit der inneren Fläche leicht an den Leib lehnt, annähernd einen rechten Winkel. Für den Grad der Winkelung gilt als Grundsatz, dass der Unterarm möglichst die Verlängerung des Zügels bilden muss.

Die Hand wird leicht zu einer Faust geschlossen und senkrecht mit dem mäßig gekrümmten und weich auf die Zügel aufgelegten Daumen, dessen Spitze mit dem vorderen Rande der Knöchel abschneidet, so getragen, dass die äußere Fläche des Unterarmes mit dem Handrücken eine gerade Linie bildet. Bei Führung auf Kandare mit angefasster Trense steht die linke Hand annähernd eine Handbreit hoch, senkrecht über dem Widerrist, die rechte Hand dicht daneben. Beim Reiten mit geteilten Kandarenzügeln, das nach der T. O. statthaft ist, stehen die Hände eine Handbreit auseinander, beiderseits des Widerrists. Wird Zügelführung mit einer Hand verlangt, so übernimmt die linke Hand die Zügel allein, während die rechte Hand, die auch gegebenenfalls die Peitsche führt, die Zügelenden ergreift und natürlich und locker in die Bewegung mitgehend, so getragen wird, dass sie etwas tiefer als die linke steht. Die in der deutschen Reitvorschrift vorgeschriebene Haltung des rechten Armes, hinter dem Oberschenkel herabhängend, wirkt unschön und ist daher zu vermeiden.

Die Einwirkung des Reiters ist um so besser, je weniger Hilfen man sieht. Nur ein durchlässiges Pferd, das an den Hilfen, also am Schenkel und Zügel steht, kann einer solchen kaum sichtbaren Hilfengebung Folge leisten.

Der Reiter wirkt mit seinem Oberkörper, und zwar durch Gewicht, Gesäß und Kreuz, mit seinen Schenkeln und mit seinen Händen vermittels der Zügel auf das Pferd ein. Erstere sind die wichtigsten und einflussreichsten, aber auch die feinsten und am wenigsten wahrnehmbaren Hilfen. Da sie aber ohne Mitwirkung der Schenkel- und Zügelhilfen Gang und Haltung des Pferdes nur wenig beeinflussen, seien diese hier vorangestellt.

Unbedingte Folgsamkeit auf die Schenkelhilfen ist Vorbedingung für den Gehorsam des Pferdes. Dazu müssen die Schenkel aber von oben bis unten dauernd mit dem Pferdeleibe in weicher Fühlung sein. Das Pferd muss am Schenkel stehen. Schenkelhilfen bestehen entweder in leichtem

Heranfallen oder vermehrtem Andrücken der Unterschenkel. Die Art ihrer Wirkung, ob vortreibend, verwahrend oder seitwärts treibend, wird durch ihre Lage, ob am Gurt oder weiter rückwärts wirkend, und durch die Stärke der Hilfe bestimmt. Zu weites Zurückfassen mit den Unterschenkeln ist ebenso fehlerhaft wie sie fortzustrecken und im Bügel zu stehen.

Nur ein Reiter, der die Hinterfüße mit den Schenkeln stets zum fleißigen Vortreten anhält, ihnen damit ihren Weg genau anweist und so jedes seitliche Zurückbleiben oder Abweichen im Keime erstickt, wird sein Pferd dauernd geradegerichtet und im schwunghaften Gang erhalten können. Die Schenkel führen die Hinterhand; das Pferd muss sich zwischen ihnen gleichsam wie zwischen zwei Schranken bewegen. Der Sporn kann zur Verstärkung der Schenkelhilfen benutzt werden, um entweder, flach und weich angelegt, die verwahrende Wirkung eines Schenkels zu steigern, oder, scharf und stärker angedrückt oder kurz heranfallend angewendet, einen Hinterfuß zu kraftvollerem Anziehen zu veranlassen. Er wirkt aber auf die Muskeln des Pferdes zusammenziehend und daher auf laurige und gespannte Pferde schädlich. Dauernd angeklemmte Sporen sind ein grober Sitzfehler und die Ursache von Ungehorsam und Widersetzlichkeiten. Die Zügelhilfen wirken bestimmend auf Gangart, Gangmaß und Richtung, in der sich das Pferd bewegt. Man nennt daher die mittels der Zügel durch die Hand ausgeübte Tätigkeit des Reiters Führung.

Gute Führung ist nur bei unabhängigem und stetem Sitz sowie bei richtig geformter und ruhig stehender Hand möglich.

Nur das dem Schenkel unbedingt gehorchende und infolgedessen am Zügel stehende Pferd folgt willig den Zügelhilfen. Die Zügelanlehnung darf aber nicht durch Rückwärtswirken der Hand gewonnen und erhalten werden, sondern muss das Ergebnis des Nachschubes der Hinterhand sein, der in einem Heranstrecken der ganzen Wirbelsäule an das Gebiss zum Ausdruck kommt.

Beim durchgerittenen Pferd muss schon festeres Schließen der Hand, gegebenenfalls durch geringes Zurückgehen des ganzen Arms verstärkt, genügen „um alle erforderlichen Zügeleinwirkungen zu erzielen. Jede Zügelhilfe muss ihren Rückhalt am Kreuz des Reiters finden und durch Schenkelhilfen unterstützt werden. Niemals darf man den Eindruck haben, dass der Reiter in der Zügelhilfe hängen bleibt oder gar zieht. Nur rechtzeitiges Nachgeben der Hand sichert den Erfolg.

Höherstellen der Hand, das bei Arbeit auf Trense zeitweise notwendig werden kann, ist bei Führung auf Kandare fehlerhaft, da es nicht aufrichtend und die Nase vorschiebend wirkt, sondern das Pferd immer mehr auf die Hand und hinter den Zügel bringt. Ebenso falsch ist seitliches Verschieben der Kandarenfaust, da hierdurch der falsche Zügel zu vermehrter Wirkung kommt, sowie Hinüberdrücken beider Hände nach außen.

Das sich im Gleichgewicht tragende Pferd muss auch bei vorübergehend hin gegebenem Zügel taktmäßigen Gang und Selbsthaltung bewahren.

Die Gewichts-, Kreuz- und Gesäßhilfen unterstützen Schenkel- und Zügelhilfen. Gewichtshilfen entstehen dadurch, dass der Reiter das Gewicht seines für gewöhnlich senkrecht gehaltenen Oberkörpers rückwärts, vorwärts oder seitwärts verlegt. Indem er dadurch seine eigene Schwerpunktlage verändert, veranlasst er das Pferd, ein Gleiches zu tun. Zurücknehmen des Oberkörpers hinter die Senkrechte belastet vermehrt Rücken und Hinterhand und wirkt zugleich treibend. Vorneigen des Oberkörpers wirkt entlastend und auf die Vorwärtsbewegung hemmend. Welche der Wirkungen mehr in den Vordergrund tritt, hängt von der gleichzeitigen Mitwirkung von Schenkel und Zügel ab. Verlegen des Reitergewichts nach der Seite wirkt wendend. Diese Gewichtshilfe soll durch vermehrte Belastung der inneren Seite ausgeführt werden. Der Reiter darf aber dabei nicht das Gesäß nach außen verschieben und die in wendige Hüfte einziehen, sondern muss die Gewichtsverlegung durch Drehung des Oberkörpers oberhalb der Hüften nach innen ausführen; die Schultern drehen sich in die Wen dung hinein und bleiben gleichlaufend mit den Schultern des Pferdes. Dadurch wird aus der seitlichen Gewichtshilfe auch gleichzeitig eine wendende Zügelhilfe, da sich mit den Schultern des Reiters auch Arme und Hände nach innen drehen. Die inwendige Hand wirkt seitwärts-rückwärts, die auswendige seitwärts-vorwärts, geht also etwas vor.

Gesäßhilfen werden durch stärkeres Fühlenlassen beider oder eines Sitzknochens ausgeführt. Sie wirken verschieden, je nachdem das Rückgrat entweder durch Anspannen der Kreuzmuskeln eine gestrecktere Haltung oder durch Anspannen der Bauchmuskeln eine gekrümmtere Haltung annimmt. Im ersteren Fall wirkt die Gesäßhilfe mehr versammelnd, im letzteren mehr treibend und gleichsam schiebend. Auch wird ihre Wirkungsart durch Unterstützen des Ein greifen der verschiedenen Gewichtshilfen wesentlich beeinflusst.

Kreuzhilfen entstehen durch vorübergehendes Feststellen der ganzen Wirbelsäule zu einer strafferen Haltung. Sie dienen dazu, die Gesäß- und Gewichtshilfen zu verstärken und den Einwirkungen der Hand beim Durchhalten den nötigen Rückhalt zu geben.

Nur wer im schmiegsamen Sitz in steter Übereinstimmung mit den Bewegungen des Pferdes bleibt, besitzt das notwendige feine Reitergefühl, um durch richtiges Zusammenwirken der verschiedenen Schenkel-, Zügel- und Sitzhilfen gute Haltung, schwunghaften Gang und Gehorsam des Pferdes zu erreichen.

Zur einwandfreien Beurteilung des Sitzes muss man den Reiter auch von rückwärts mustern und darauf achten, ob er auch mit seinem Oberkörper senkrecht über der Mittellinie des Pferdes sitzt. Ferner darf man dabei weder zwischen Oberarmen und Leib noch durch die Knie hindurchsehen können, und die Unterschenkel dürfen nicht durch die Bewegung vom Pferdeleibe fortgestoßen werden.

Das ganze Verhalten eines guten Reiters bei der Vorführung muss bei völliger Zwanglosigkeit den Eindruck ruhigen Anstandes und überlegener Sicherheit machen. Man sieht kaum eine Hilfe, und doch wird sofort durchgegriffen, wenn irgendwelche Unregelmäßigkeit in Gang und Haltung es erfordert.

Ein solcher Sitz zeugt nicht nur von feinem Reitertakt, sondern wirkt auch auf den Zuschauer ansprechend und künstlerisch schön.

Sitz der Reiterin.

Der Quersitz der Dame unterscheidet sich von dem Sitz des Herrn dadurch, dass sich beide Beine auf der linken Seite

19. Dame im Quersitz im Halten.

des Pferdes befinden. Trotzdem muss der Oberkörper genau wie im Herrensitz so gehalten werden, dass die Hüften der Reiterin stets gleichlaufend zu den Hüften des Pferdes und ihre Schultern stets gleichlaufend zu dessen Schultern stehen. Nur so sind richtige Einwirkung und Gewichtsverteilung möglich. Diese an sich einfach erscheinende Forderung ist infolge der Beinlage und der daraus sich ergebenden Neigung der Reiterin, die linke Hüfte und damit auch die linke Schulter zurückzuziehen, keinesfalls leicht zu erfüllen. Erste Voraussetzung hierfür ist ein wirklich richtig gebauter Sattel. Sodann muss die Reiterin bemüht sein, ihren linken Oberschenkel gut vorzuschieben. Im Übrigen gelten für Haltung von Kreuz und Hüften dieselben Grundsätze wie im Herrensitz.

Das rechte Bein umfasst dicht hinter dem Knie die vordere Gabel. Der linke Fuß ruht mit dem Ballen im Bügel. Die Länge des Bügels ist so zu wählen, dass zwischen linkem Oberschenkel und Gabel ein kleiner Spielraum bleibt, und der Unterschenkel senkrecht herabhängen kann. Dieser darf vom Pferdeleibe nicht abgespreizt werden, sondern soll sich stets in leichter Fühlung mit ihm befinden.

Die auf der rechten Seite fehlende Schenkeleinwirkung muss durch die Peitsche ersetzt werden, die für gewöhnlich dicht hinter dem Gurt liegen soll. Dazu ist eine lange, nicht zu stark federnde, richtige Damenpeitsche, nicht aber ein kurzes Stöckchen zu verwenden.

Die linke Hand steht bei Führung auf Kandare mit an gefasster Trense mitten vor dem Leibe, ungefähr eine Handbreite hinter dem rechten Knie. Bei Führung mit geteilten Kandarenzügeln stehen die Hände beiderseits des Knies in etwas tieferer Stellung. Im Übrigen gelten für die Zügelführung dieselben Grundsätze wie im Herrensitz. Wird mit einer Hand geritten, so fällt der rechte Arm zwanglos aus der Schulter herab und führt aus dieser Lage die Peitsche.

Wenn schon im Herrensitz richtige Oberkörperhaltung besonders wichtig ist, so gewinnen im Quersitz Kreuz und Gesäß ausschlaggebende Bedeutung. Nur am gegenhaltenden Kreuz der Reiterin kann sich das Pferd formen, nur von dem am Sattel bleiben den Gesäß erhält das Pferd den lebhaften Trieb nach vorn. Außerdem muss die Reiterin dauernd darauf achten, durch richtige Gewichtsverteilung, geschickte Führung und genaues Gegeneinanderwirken von Schenkel und Peitsche ihr Pferd geradezurichten, im besonderen das Ausweichen der Hinterhand nach rechts durch Vorrichten der Vorhand zu verhindern.

Springen.

Von jedem durchgerittenen und richtig eingesprungenen Pferde ist zu verlangen, dass es Hindernisse von 1 m fest hoch und 2,50 m breit, wie sie in der T. O. bei Dressurprüfungen gefordert werden, sicher und gut überwindet.

Das Pferd führt den Sprung richtig aus, wenn es, ohne zu stutzen oder zu stürmen, in ruhigem, gleichmäßigem Gangmaß gerade an das Hindernis herangeht, weder zu früh noch zu spät abspringt, das Hindernis glatt und mit möglichst geringer Kraftanstrengung überwindet und sich darauf im gleichen Gangmaß wie vor dem Sprung auf gerader Linie fortbewegt.

Der Reiter muss sich vor dem Sprung sein Pferd gut an die Zügel heranschieben, es geraderichten und senkrecht auf die Mitte des Hindernisses anreiten. Die Trense ist grund-

5 von Heydebreck, Die deutsche Dressurprüfung

sätzlich anzufassen oder die Zügel sind zu teilen. Kurz vor dem Sprung ist dem Pferde durch mehr oder weniger kräftige, vortreibende Hilfen deutlich kundzutun, dass es springen soll. Auch lebhafte Pferde, die das Hindernis anziehen, brauchen ein geringes Vortreiben, das gleichzeitig dazu dient, die Nase vermehrt vorzuschieben und das Pferd nochmals geradezurichten. Die Hand muss dabei durch Vorgehen dem Streben des Pferdes, Hals und Kopf mehr vorzustrecken, entgegenkommen. Die Zügel müssen dadurch auch bei Pferden, die, um ihrer Neigung zum frühzeitigen Anziehen des Hindernisses zu begegnen, in vermehrte Anlehnung gekommen waren, schon vor dem Sprung locker werden. Nur so wird sich das Pferd den Sprung richtig einteilen und nicht im Vertrauen auf die bisherige Anlehnung zu früh abspringen oder zu nahe heranlaufen.

Während des Sprungs ist jede Störung des Pferdes in Maul und Rücken unbedingt zu vermeiden. Dazu muss der Reiter mit dem Oberkörper vermehrt mitgehen und dem Halse, den das Pferd im Sprung streckt, durch gutes Nachgeben der tiefgestellten Hände aus dem ganzen Arm heraus volle Freiheit gewähren.

Für die Sicherheit des Sitzes, namentlich bei unvorhergesehenen Zwischen fällen, für williges Springen und Geraderichtung des Pferdes vor und im Sprung ist kraftvolles Umfassen des Pferdekörpers mit beiden Schenkeln die wichtigste Vorbedingung. Knie, Ober- und Unterschenkel müssen unverrückbar an derselben Stelle liegen bleiben. Die Füße werden am besten bis zum Spann durch die Bügel gesteckt, die dazu kürzer als zum dressurmäßigen Reiten geschnallt sein müssen.

20. Absprung.

21. Schwebe.

22. Landen.

Beim Landen ist die Hinterhand des Pferdes zu entlasten und jede Einwirkung mit den Zügeln zu vermeiden. Das Einfangen des Gangmaßes und die Verbesserung der Haltung des Pferdes können erst nach vollführtem Sprung erfolgen.

Jedes Zurücklegen des Oberkörpers im Sprung stört das Pferd und veranlasst es zu falschem und hartem Landen mit allen vier Beinen. Bei richtig ausgeführtem Sprung fußen die Vorderbeine immer zuerst, und zwar das eine meist früher als das andere. Auch wenn ein Pferd beim Landen einen Vorderfuß verliert, darf der Reiter sein Gewicht nicht nach rückwärts oder seitwärts verlegen oder gar den Zügel annehmen. Er muss vielmehr bestrebt sein, durch vermehrtes Vorgehen der Hände dem Hals des Pferdes volle Freiheit zu gewähren und es dadurch in seinen Bemühungen, die aus dem Gleichgewicht gekommene Gewichtsmasse durch rascheres Vorsetzen eines anderen Fußes und durch einen Gewichtsausgleich mit Hals und Kopf zu stützen, durch keinerlei eigene Einwirkung zu behindern.

Bei Bewertung des Springens in einer Dressurprüfung kommt es nicht in erster Linie darauf an, ob das Pferd ohne anzustoßen das Hindernis überwindet, sondern vor allem darauf, wie Reiter und Pferd sich vor, während und nach dem Sprung verhalten.

Ein richtig gearbeitetes Pferd, das mit den verschiedenen Arten von Hindernissen bekanntgemacht ist und das Springen an der Hand und Longe ohne Reiter erlernt hat, wird willig und gehorsam auch unter dem Reiter in guter Form springen. Verweigert es aber doch einen Sprung, so zeige der Reiter, dass er ein Pferd zum Gehorsam bringen kann. Er muss das

23 Galoppsprung nach dem Landen

seitlich wegbrechende Pferd möglichst noch vor dem Sprung zum Halten bringen und durch richtiges Rückwärtsrichten erst wieder den nötigen Anlauf gewinnen, bevor er erneut anreitet. Dabei ist besonders auf unbedingte Geraderichtung zu achten. Ebenso darf ein kehrtmachendes Pferd nicht nach derselben Seite herumgedreht werden, sondern der Gehorsam ist durch eine Wendung in entgegengesetzter Richtung zu erzwingen. Die Kandarenzügel sind dazu rechtzeitig zu teilen. Gerade bei der Überwindung des Widerstandes eines den Gehorsam verweigernden Pferdes lassen sich Sitz, Einwirkung und Reitertakt des Reiters gut beurteilen.

Ein Pferd, das überhaupt nicht springt, kann nicht Anspruch erheben, in einer Dressurprüfung einen Preis zu erhalten.

Vorbereitung.

Jeder Reiter, der an einer Dressurprüfung teilnehmen will, prüfe sich und sein Pferd peinlichst, ob sie reif sind, sich in einer öffentlichen Preisbewerbung zu zeigen. Dazu ist zunächst notwendig, dass er die Anforderungen der betreffenden Klasse, in der er mitreiten will, und die Aufgaben, die dabei gestellt werden können, genau kennt. Er vermeide aber das dauernde Üben dieser Aufgaben, reite also nicht etwa täglich sein Programm herunter. Schwierige Übungen können zwar häufiger wiederholt werden, aber man beginne erst damit, wenn das Pferd genügend vorgearbeitet ist und seine Spannung aufgegeben hat.

Pferde, denen die Versammlung noch schwer wird, reite man nie lange in abgekürzten Gangarten, sondern schalte immer freie Gänge ein. Auch hüte man sich vor Überarbeitung des Pferdes und schiebe immer wieder Schrittpausen ein, bei denen man dem Pferd völlige Zügelfreiheit gewährt und es im langen Schritt zum Strecken bringt. Ebenso empfiehlt es sich, nicht täglich in gleicher Weise zu arbeiten, sondern nach Tagen, an denen man hohe Anforderungen gestellt hat, wieder einen Tag nur natürliche und frische Gänge in gerin gerer Zusammenstellung zu reiten. Denn man vergesse nie, dass die Dressur eine Gymnastik für das Pferd ist, und hüte sich davor, durch dauernde Wiederholung bestimmter Übungen immer die gleichen Muskeln stark in Anspruch zu nehmen. Diese werden dadurch schmerzhaft angegriffen, was zu fehlerhafter Spannung Veranlassung gibt.

Kämpfe und Balgereien mit dem Pferde, die bei planmäßiger und nach richtigen Grundsätzen durchgeführter Ausbildung überhaupt nicht vorzukommen brauchen, sind kurz vor Teilnahme an einer Dressurprüfung unbedingt zu vermeiden. Sie pflegen meist beim Springen vorzukommen. Wer aber sein Pferd durch Einspringen an der Hand und an der Longe mit neuen Hindernissen vertraut gemacht hat, wird auch beim Springen unter dem Reiter selten auf Schwierigkeiten stoßen. Solche Katzbalgereien beim Springen stören das gute Einvernehmen zwischen Reiter und Pferd und hinterlassen bei diesem häufig einen schlechten Eindruck.

Von ganz besonderer Wichtigkeit für gutes Abschneiden bei der ja nur kurzen Einzelprüfung ist das richtige Maß der Vorarbeit. Lebhafte, heftige Pferde, die zu Faseleien neigen, gebrauchen mehr, ruhige, etwas phlegmatische Pferde weniger Vorarbeit. Niemals aber stelle man sich den Richtern, ohne sein Pferd vorher wenigstens etwas abgetrabt und abgaloppiert zu haben. Nur durch die Erfahrung wird man lernen, wie lange man jedes Pferd vorher abreiten muss. Ein Pferd darf weder übermütig noch müde zur Prüfung erscheinen.

Zu berücksichtigen ist auch, wo die Prüfung stattfindet; ob in geschlossener Bahn oder im Freien, in einer großen, geschmückten Turnierhalle oder auf einem offenen Turnierplatz, wo die Pferde durch allerlei ungewohnte Gegenstände und Geräusche abgelenkt werden. Wer für gewöhnlich in einer stillen Reitbahn arbeitet, gehe, wenn die Prüfung auf offenem Platz stattfindet, rechtzeitig vorher mehrere Male ins Freie. Dort verzichte man zunächst ganz auf versammelnde Übungen und reite sich das Pferd nur in lebhaften Gängen ordentlich an die Zügel heran. Man vergewissere sich auch vorher, ob man beim Turnierplatz einen geeigneten Hufschlag für das Abreiten hat. Ist dies nicht der Fall, so gebe man dem Pferde rechtzeitig an anderer Stelle die nötige Vorarbeit und setze sich unmittelbar vor der Preisbewerbung nur kurze Zeit herauf.

Niemals lege man erst zur Prüfung ganz neue Reitausrüstung auf, sondern erprobe Zaumzeug und Sattel schon an den Vortagen. Merkt man dabei, dass die neuen Zügel einem durchgleiten, ohne dass sich noch Abhilfe schaffen lässt, oder dass der glatte Sattel einem unbequem ist, so verzichte man auf das schöne neue Zeug und benutze das täglich gebrauchte alte. Das Gleiche gilt für den eigenen Anzug. Unbequeme Reitbeinkleider, neue Röhren-Lackstiefel mögen noch so schick aussehen, sind sie einem unbequem, oder fühlt man, dass man dadurch im Sitz behindert wird, so ziehe man alte Reitsachen an, selbst auf die Gefahr hin, vor dem großen Publikum nicht als schicker Reiter bestehen zu können.

Man stecke den Fuß niemals in den Bügel, bevor man nicht Sattelzeug und Zäumung noch einmal gründlich nachgesehen hat. Viele junge Reiter begehen den großen Fehler, dass sie ihren Pferden beim Turnier eine andere Kandare auflegen wie gewöhnlich, unter Umständen nur deshalb, weil diese in dem schönen neuen Zaumzeug fest eingenäht ist. Wenn dies Gebiss nicht bezüglich Länge der Anzüge und des Obergestells sowie Breite und Bau des

Mundstücks dem zur täglichen Arbeit benutzten völlig entspricht, verzichte man auf das neue Zaumzeug oder lasse die alte Kandare einnähen. Eine zweckentsprechend gewählte und richtig eingelegte Kandare hat weitgehenden Einfluss auf das Gehen des Pferdes. Wer sein Pferd gründlich auf Trense durcharbeitet, braucht sich aber trotzdem kein Musterlager von Gebissen zu halten. Im Allgemeinen gehen alle Pferde auf einer nicht zu schweren und mit nicht zu langen Anzügen versehenen Kandare, die ein mäßig dickes Mundstück mit geringer Zungenfreiheit besitzt, am besten. Pferde mit empfindlichen, schmalen und scharfkantigen Laden gibt man etwas dickere, solchen mit breiten, fleischigen Laden dünnere Mundstücke. Bei weniger empfindlichen Pferden und solchen, die die Neigung haben, die Zunge über das Gebiss zu nehmen, empfiehlt sich meist die Verwendung eines Mundstückes mit etwas größerer Zungenfreiheit.

Alle besonderen Hilfsmittel, vor allem Kandaren- oder Trensengebisse mit Zungenstreckern sowie Zungennetze oder Zungenriemen und ähnliche Dinge sind nach der T. O. verboten.

Von großer Wichtigkeit für die einwandfreie Wirkung der Kandare sind richtige Länge und Lage der Kinnkette. Sowohl zu steil liegende wie auch durchfallende Kandaren wirken falsch. Beim Annehmen des Zügels sollen die Anzüge bis zu einem halben rechten Winkel von einer in Verlängerung der Maulspalte gedachten Linie zurückgehen können. Jedes weitere Zurückgehen (Durchfallen) wirkt fehlerhaft. Wer sich daran gewöhnt hat, grundsätzlich vor dem Aufsitzen die Zäumung, insbesondere Lage und Wirkung der Kandare, zu prüfen, wird dies auch nicht vor einer Dressurprüfung vergessen.

Jeder Reiter, der an einer Dressurprüfung teilnehmen will, ziehe spätestens einige Tage vorher einen erfahrenen Fachmann hinzu, reite ihm sein Pferd vor und lasse sich von ihm ganz offen alle Mängel sagen, die dieser bemerkt. Auch der erfahrenste und beste Reiter wird Nutzen davon haben, denn man kann, selbst nicht mit Zuhilfenahme eines Spiegels, die Ursachen für manche kleine Mängel ganz fehlerlos geht kein Pferd nicht immer allein einwandfrei feststellen. Und seien es auch scheinbar nur Kleinigkeiten, wie z. B. geringes Ausbleiben eines Hinterfußes bei Paraden oder etwas breites Treten der Hinterfüße im freieren Trabe, die der hinzugezogene Kritiker findet. Ja, mag seine Ansicht manchmal nicht ganz zutreffen, zum Nachdenken regt solche Überprüfung der eigenen Arbeit immer an.

Wer sich für unfehlbar hält, der bleibt von öffentlichen Dressurprüfungen besser weg, denn er wird daran selten wirkliche Befriedigung finden.

Jüngeren, weniger erfahrenen Reitern wird schon dadurch geholfen werden, dass sie ein anderer wenigstens auf kleine Nachlässigkeiten im Sitz aufmerksam macht.

Je klarer ich mir über meine eigenen Fehler und über die Mängel werde, die mein Pferd noch hat, um so besser bin ich für die Teilnahme an einer Dressurprüfung vorbereitet.

Verhalten des Reiters bei der Prüfung.

Wenn auch eine gewisse Unruhe vor Beginn der Prüfung, namentlich bei Anfängern, erklärlich und entschuldbar sein mag, so muss doch jeder Reiter von dem Augenblick an, wo er sich den Richtern stellt, seine Nerven völlig im Zaum haben und seine ganze Aufmerksamkeit nur darauf richten, die gestellte Aufgabe reiterlich möglichst einwandfrei zu erfüllen. Eigene Unruhe und Unsicherheit überträgt sich sofort auf das Pferd und schädigt die Vorführung empfindlich.

Der erfahrene Turnierreiter wird wissen, wie er sein Pferd am besten vorstellen kann, dem Anfänger seien aber folgende kurze Ratschläge für sein Verhalten bei der Prüfung mit auf den Weg gegeben:

1. Man sei rechtzeitig am Turnierplatz zur Stelle, damit man sofort einreiten kann, sobald man an der Reihe ist.

2. Man sitze nicht erst im letzten Augenblick auf, auch wenn das Pferd vorher abgeritten ist, sondern reite vorher, ohne aber noch irgendwie das Pferd zu kniebeln, in der Nähe des Prüfungsplatzes umher, nur darauf bedacht, mit einem willigen, losgelassenen Pferde, das man an den Hilfen hat, vor den Richtern zu erscheinen.

3. Längeres Halten vor dem Eingang ist zu vermeiden, auch wenn man der nächste Reiter ist, der an die Reihe kommt.

4. Sobald man aufgerufen wird, reite man sofort hinein. Sind die Richter noch nicht bereit, so benutze man die Zeit dazu, noch einmal auf dem vorgeschriebenen Viereck herumzureiten, namentlich, wenn es einem nicht möglich war, sein Pferd vorher dort abzureiten.

5. Auf die Ankündigung des Ordners, anzufangen, nehme man die für das Einreiten geforderte Gangart an, wende von der dem Richtertisch gegenüberliegenden kurzen Seite so rechtzeitig ab, dass man genau auf die Mittellinie kommt, und reite auf dieser schnurgerade bis auf etwa zehn Schritte an die Richter heran. Beim Einreiten ist stets Zügelführung mit beiden Händen gestattet. Dies nutze man, wenn man des Pferdes nicht ganz sicher ist, auch aus und pariere sauber mit beiden Händen durch, bevor man die Hand zum Gruß hebt.

6. Gerade bei der ersten Parade vor den Richtern behalte man sein Pferd gut am Schenkel, ohne ihn aber nach dem Halten unnötig zu bewegen. Alle Versuche, die Stellung des Pferdes dann noch durch Schenkelhilfen zu verbessern, schädigen gleich den ersten Eindruck, da sie das Pferd meist zum Hin- und hertreten veranlassen.

7. Nach beendetem Gruß greife man sofort wieder mit der rechten Hand in die Zügel und ordne sich diese zum Anreiten nochmals, auch wenn die Ankündigung dazu bereits erfolgt ist. Der Ordner kommandiert nicht, sondern muss die verlangten Übungen so frühzeitig ankündigen, dass der Reiter Zeit hat, sich und sein Pferd darauf vorzubereiten.

8. Fast in allen Aufgaben der T. O. folgt, wenn anfangs Führung mit einer Hand gefordert wird, die Ankündigung hierzu erst derjenigen der Gangart, in der anzureiten ist. Der Reiter darf

daher auch zunächst mit zwei Händen anreiten. Dies wird sich besonders bei ängstlichen Pferden, die vor dem Richtertisch scheuen, und solchen empfehlen, die, wenn gleich im freien Schritt mit langem Zügel angeritten werden soll, gern anzackeln. Es genügt, wenn die Zügel erst in einer Hand vereinigt sind, sobald man vor den Richtern gewendet und die Hufschlaglinie des Vierecks erreicht hat.

9. Der Reiter sei von Anfang an bestrebt, die vorgeschriebenen Hufschlaglinien genau auszureiten. Er wird dadurch auch gezwungen, die Schenkel am Pferde zu behalten, der wichtigsten Vorbedingung für eine gute Vorführung. Junge Reiter neigen dazu, bei der Prüfung zu lavieren. Das Pferd merkt dies sofort und entzieht sich geschickt immer mehr den Hilfen. Deshalb lasse man, auch wenn anfangs freier Schritt am langen Zügel verlangt ist, seine Schenkel unbedingt in sicherer Fühlung am Pferdeleibe.

10. Ebenso wichtig wie das Einhalten der Wege ist das genaue Einhalten der geforderten Gangmaße. Die Unterschiede zwischen abgekürzten, mittleren und starken Gängen müssen deutlich hervortreten, die Übergänge fließend und ohne Stutzen erfolgen.

11. Man achte stets auf saubere Stellung des Pferdes und ordne sich daher bei jedem Handwechsel die Zügel, wobei die rechte Hand, auch wenn Zügelführung mit einer Hand verlangt ist, stets zufassen muss. Nichts wirkt so unreiterlich und das Gesamtbild schädigend wie längeres Herumreiten mit falsch gestelltem Pferde. Der äußere Kandarenzügel darf nicht klemmen!

12. Man scheue sich niemals, die Zügel rechtzeitig nachzugreifen oder anders zu ordnen, sobald dies aus irgendwelchen Gründen

zur Verbesserung von Gang und Haltung oder zur Abstellung irgendwelcher Schwierigkeiten oder Widerstände notwendig erscheint. Zu lange Zügel verführen gerade zu übertriebener und falscher Zügeleinwirkung.

13. Wenn auch die Hilfengebung möglichst unauffällig sein soll, so muss der Reiter doch durchgreifen, um Fehler schnell abzustellen. Pferde sind keine Maschinen und werden immer einmal, durch äußere Störungen abgelenkt oder erschreckt, scheuen, die Gangart wechseln oder im Galopp umspringen. Das weiß jeder erfahrene Richter und wird denjenigen Reiter, der sein Pferd reiterlich richtig und schnell wieder zur Ordnung bringt, stets besser beurteilen als denjenigen, der unschlüssig zaudert oder sich durchzulügen sucht.

14. Man achte genau auf die Ankündigungen des Ordners, scheue sich aber auch nicht, darauf aufmerksam zu machen, wenn dieser, was häufiger vorkommt, die geforderten Übungen nicht laut genug oder verspätet ansagt.

15. Besondere Aufmerksamkeit widme man seiner Körperhaltung! Den Sitz kann man zwar nicht erst bei der Prüfung verbessern, wohl aber kann man an kleine, leicht zu vermeidende Nachlässigkeiten denken, die sich meistens auf Kopf- und Schulterhaltung sowie auf Arm- und Handstellung beziehen. Nichts wirkt störender auf die gesamte Vorführung als ein dauernd vorn herabhängender oder wackeln der Kopf, vorhängende Schultern, herumfliegende Arme oder falsch und unruhig stehende Hände.

16. Hat man sich erst einmal den Richtern gestellt, so reite man im allgemeinen die Aufgabe auch bis zu Ende durch, selbst wenn vieles missglückt und man den Eindruck gewinnt, dass man keine Aussicht auf einen Preis hat. Man lernt dadurch nicht nur

6 von Heydebreck, Die deutsche Dressurprüfung.

selbst, sondern auch das Pferd lernt. Aufgeben soll man mitten in der Prüfung nur, wenn man nicht mehr in der Lage ist, seinen Willen durchzusetzen, und so Gefahr läuft, sich öffentlich zu blamieren. Man ziehe aus solchem Misserfolg aber auch die notwendigen Schlussfolgerungen, die darin bestehen werden, dass man sich für solche sportlichen Wettkämpfe besser vorbereitet. Bevor man wieder startet, frage man daher einen fachmännisch gebildeten Freund um Rat, ob man sich nunmehr vor der Öffentlichkeit zeigen kann.

17. Besonders schwierig ist glattes, einwandfreies Erledigen der sogenannten Olympiade-Aufgaben, da man dabei nicht nur die einzelnen Übungen im Kopfe haben und in richtiger Reihenfolge, ohne irgendetwas auszulassen, vorführen, sondern auch die Zeit genau ein halten muss. Da jedoch nur erfahrene und gut vorbereitete Reiter an solchen Prüfungen teilnehmen werden, so sei hier nur darauf hingewiesen, dass zwar Überschreiten der Zeit ein größerer Fehler ist als zu schnelles Reiten. Andererseits überstürze man aber auch die Vorführung nicht, da darunter das genaue Einhalten der Gangmaße und Wege leidet. Am besten hat derjenige Reiter mit der zur Verfügung stehenden Zeit gewirtschaftet, der nur wenig erspart.

18. Bevor man springt, schnalle man sich die Bügel kürzer. Man muss geübt sein, dies schnell und ohne Zeitversäumnis auszuführen. Geteilte Zügel werden sich immer empfehlen, wenn man nicht auf einem toten sicher springen den Pferde sitzt. Jedenfalls lasse man es nicht erst darauf ankommen, ob es glückt oder nicht. Lieber soll man mit etwas übertriebenen Vorsichtsmaßnahmen und nicht zu früh, dann aber energisch

24. Parade aus dem Galopp zum Halten. Gruß.

anreiten, als plötzlich vor dem Hindernis stehenzubleiben oder davor auszubrechen. Tritt dies aber doch ein, dann heißt es zeigen, wie man solche Widersetzlichkeit reiterlich richtig und erfolgreich überwindet.

19. Nach dem Springen ordne man wieder schnell die Zügel, gehe im versammelten Galopp auf die Mittellinie und beschließe die Vorführung mit einer guten Parade vor den Richtern. (Bild 24.) Nach dem Gruß verlasse man ebenfalls im ruhigen Galopp die Bahn oder das Reitviereck.

20. Wer an der Einzelprüfung teilgenommen hat, bleibe von besonderen Ausnahmen abgesehen auch von der Vorführung vor dem Publikum nicht fort, selbst wenn er scheinbar keine Aussicht auf einen Preis hat, ganz besonders aber nicht deshalb, weil er mit dem ihm bereits bekannt gewordenen Richterspruch nicht zufrieden ist. Jüngere Reiter werden auch von der Teilnahme an dieser Vorführung Nutzen haben. Sie sammeln Erfahrungen dadurch, und auch ihre Pferde lernen dabei und gewöhnen sich an den Turniertrubel. Auch bedenke man, dass die Richter in Ausnahmefällen berechtigt sind, ihren Richterspruch auf Grund der bei der Vorführung gezeigten Leistungen zu ändern. Es kann daher sehr gut der Fall eintreten, dass einer oder mehrere Preisbewerber dabei sehr ungünstig abschneiden und deshalb in der Platzierung herunterrutschen, wohingegen man selbst sehr günstig abschneidet. Auch kann ein für einen Preis in Aussicht genommener Teilnehmer aus anderen Gründen, wie z. B. durch Disqualifikation, Erkrankung des Pferdes usw. ausscheiden. Dadurch kann man selbst in die Platzierung gelangen; aber nur, wenn man auch an der Vorführung vor dem Publikum teilgenommen hat.

Den Abschluss dieser kurzen Verhaltungsregeln beim Reiten in Dressurprüfungen bilde die Mahnung, dass jeder wirklich sportlich denkende Reiter den Richterspruch, mag er ihn auch für verfehlt halten, ohne Widerspruch hinnehmen muss. Wer überhaupt an sportlichen Wettkämpfen teilnimmt und das sind auch unsere Dressurprüfungen , muss mit Anstand unterliegen können. Wer das nicht über sich gewinnen kann, der muss fortbleiben.

Der Richterspruch.

Nach der T. O. wird in Dressurprüfungen ausgenommen bei Olympia-Preisbewerbungen nach freiem Ermessen gerichtet. Der Richter muss daher die Gesamtleistungen der einzelnen Bewerber gegeneinander abwägen und sich daraus sein Urteil bilden. Hierbei wird er einige Hauptfragen gewissenhaft beantworten müssen.

Ausschlaggebend für die Beurteilung jeder reiterlichen Leistung ist der reine, schwunghafte Gang. Fehler im Gange sind daher die schwerwiegendsten und können durch keinerlei andere Gutpunkte ausgeglichen werden. Jeder, der die Berechtigung haben will, das Richteramt in Dressurprüfungen sachgemäß auszuüben, muss infolgedessen, wie schon in der Einleitung betont wurde, Wesen und Kennzeichen des richtig geregelten Ganges erfasst haben und Gangfehler mit Sicherheit erkennen können.

Eng mit dem Gang verknüpft und in Abhängigkeit von ihm ist der Sitz des Reiters, worauf ebenfalls in den vorausgeschickten Abschnitten, namentlich in denen, die von den Eigenschaften des gerittenen Pferdes und vom Sitz handeln, immer wieder nachdrücklich hingewiesen wurde. Sitzfehler sind häufig auffälliger als Gangfehler, aber da beide in engem Zusammenhang miteinander stehen, kann der Richter, selbst wenn ihm besondere Gangfehler nicht auffallen, doch aus dem zutage tretenden mangelhaften Sitz des Reiters meist den Schluss ziehen, dass auch das Gangwerk des Pferdes nicht richtig geregelt ist. Ganz besonders wichtig ist dies, wenn es darauf ankommt, auffallende, aber aus falscher Spannung hervorgerufene Aktion richtig zu bewerten und von schwunghaftem Gang zu unterscheiden.

Umgekehrt kann natürlich auch schlechter Sitz den Gang so beeinträchtigen, dass selbst ein sehr gut gerittenes Pferd nicht in der Lage ist, schwunghafte und reine Gänge zu zeigen. Da der Richter aber nur das zu beurteilen hat, was ihm vorgeführt wird, so ist es letzten Endes nebensächlich, ob er gezeigte Mängel auf das Schuldkonto des Ganges oder des Sitzes anrechnet.

Endlich muss bei Beurteilung des Sitzes auch die Art der Einwirkung bewertet werden und es ist sehr wohl möglich, dass an Gang und Sitz Grundsätzliches nicht auszusetzen ist, dass aber sehr auffällige Hilfengebung das Gesamtbild ungünstig beeinflusst. Dieser Fehler ist jedoch weniger schwerwiegend und erst in Rechnung zu stellen, wenn es sich darum handelt, gleichwertige Leistungen gegeneinander abzuwägen.

Die nächste Frage, die der Richter beantworten muss, ist die, ob das Pferd geradegerichtet und immer seitlich richtig gebogen ist. Diesbezügliche Mängel haben, sofern sie ihre Erklärung nicht bereits in fehlerhaftem Gang finden, ihren Grund in unrichtiger Führung, und man nennt sie daher Führungsfehler. Sie äußern sich in schlechter Hals- und Kopfhaltung, mangelhaftem Ein halten der Wege, seitlichem Ausweichen von Vor- und Hinterhand und sind, wenn auch nicht so bedeutungsvoll wie die Gang- und Sitzfehler, doch zu den Grundfehlern zu rechnen und dementsprechend zu bewerten.

Als letzter wichtiger und mit der vorhergehenden Frage in Zusammenhang stehender Gesichtspunkt muss der Gehorsam zur Beurteilung herangezogen werden. Er gründet sich einerseits auf der Durchlässigkeit, andererseits auf Gewöhnung und Erziehung. Diesbezügliche Mängel können daher sowohl durch fehlerhaften Gang und fehlerhafte Einwirkung, als auch durch unrichtige Ausbildung verursacht worden sein. Schon einige der als Führungsfehler gekennzeichneten Mängel sind in gewisser Beziehung als Ungehorsam zu bewerten. Offensichtlich tritt dieser aber in ausgesprochenen Widersetzlichkeiten zutage. Ungehorsam ist ebenso wie fehlerhafter Gang ein Grundfehler schwersten Grades und muss daher wie dieser das Gesamturteil entscheidend beeinflussen.

Alle anderen Fehler sprechen erst in zweiter Linie bei der Bewertung mit, und zwar nur dann, wenn es gilt, sonst gleiche Leistungen voneinander zu unterscheiden. Hierzu rechnen: zu enge Halsstellung, zeitweilige zu starke Anlehnung, totes oder offenes Maul, Zungenstrecken und fehlerhafte Ausführung irgendeiner Übung.

Gang, Sitz des Reiters, Geraderichtung und Gehorsam sind demnach die vier entscheidenden Punkte für die Beurteilung.

Es sei, selbst auf die Gefahr hin, durch dauernde Wiederholung ermüdend zu wirken, auch hier nochmals darauf hingewiesen, dass die Art der Rückentätigkeit des Pferdes bestimmend auf den Gang wirkt. Wer also beim Richten ein sicheres Urteil über die Gänge eines Pferdes abgeben will, muss daher unbedingt erkennen können, ob der Rücken des Pferdes zwanglos arbeitet und die Fußfolge richtig ist. Jeder Pferdefachmann sollte keine Gelegenheit vorübergehen lassen, sich praktisch und theoretisch immer aufs neue über die Grundsätze der Ganglehre zu unterrichten. Man lernt darin nicht aus, und nur fortgesetzte, eingehende Beobachtung schärft das Auge so, dass man diesbezügliche Mängel sofort mit Sicherheit erkennt.

Zum Schluss einige kurze Ratschläge für junge Richter.

1. Wer richten will, muss die einschlägigen Bestimmungen der T. O. einschließlich der als Anhang beigefügten „Anleitung für das Reiten in Dressurprüfungen" genau kennen. Die neueste Ausgabe der T. O. gehört außerdem zur Ausrüstung jedes seine Sache ernst nehmenden Richters.

2. Der Richter lasse sich, solange ein Reiter seine Aufgabe reitet, durch nichts ablenken. Vor allen Dingen vermeide er Unterhaltung mit den anderen Richtern. Dabei sei daran erinnert, dass gemäß der T. O. die Richter in Dressurprüfungen von getrenntem Standpunkt aus urteilen sollen.

3. Ganz kurze Notizen müssen genügen, um sich alles zu merken, was für die Beurteilung von Wichtigkeit ist. Will man die Bewertung jeder Übung schriftlich festlegen, so lasse man sich einen Richtergehilfen stellen, dem man Bemerkungen diktiert. Andernfalls übersieht man beim Schreiben unter Umständen die wichtigsten Vorgänge. Man ermahne seine Richtergehilfen aber nochmals ausdrücklich zur Verschwiegenheit.

4. Sobald ein Reiter die Aufgabe beendet hat, fasse man den Gesamteindruck mit einigen Stichworten kurz zusammen und gebe sofort eine Wertnote, und zwar zunächst am besten ohne Dezimalstelle, also 0-4. Die Beurteilung sei anfangs lieber etwas zu scharf: man muss zunächst mit den guten Wertnoten nicht zu verschwenderisch sein. Aufbessern kann man diese immer noch.

5. Jeder gewöhne sich daran, selbständig zu urteilen, und lasse sich nicht durch die anderen Richter gleich umstimmen.

Die T. O. verlangt, dass man jedem Reiter zunächst ohne Besprechung mit den anderen Richtern eine Wertnote gibt und aufgrund dieser am Schluss der ganzen Einzelprüfung die sich daraus ergebende Reihenfolge zunächst allein festlegt.

6. Ist man im Zweifel, welcher von zwei oder mehreren Teilnehmern die bessere Leistung gezeigt hat, so scheue man sich nicht, darum zu bitten, dass die in Frage kommenden Reiter sich zum Vergleich nochmals den Richtern stellen. Lieber etwas gründlicher sein, als ein unsicheres oder nicht selbständig gefasstes Urteil abgeben, von dessen Richtigkeit man nicht felsenfest überzeugt ist.

7. Bei der nach der T. O. zulässigen Besprechung mit den anderen Richtern vertrete man seinen Standpunkt unbeirrt, ohne jedoch eigensinnig auf diesem zu beharren, wenn es sich nur um kleine Unterschiede handelt.

8. Gelingt es nicht, sich bei allen für die Platzierung in Frage kommenden Teilnehmern auf einheitliche Wertzahlen zu einigen, so hat jeder Richter seinen Richterzettel mit den von ihm den einzelnen Reitern vor der Besprechung zuerkannten Wertzahlen unterschrieben abzugeben.

9. Sind die Leistungen zweier Teilnehmer nach Ansicht der drei Richter beinah gleichwertig, so einige man sich und erkenne auf gleiche Platzierung. Es ist wirklich in manchen Fällen kaum möglich, einwandfrei zu entscheiden, ob diese oder jene Leistung die bessere war. Namentlich ist eine solche Entscheidung angebracht, wenn es sich nicht um den Sieger, sondern nur um die Plätze handelt.

10. Kein Richter ist unfehlbar und irren ist menschlich. Hat ein Richter aber sein Urteil nach bestem Wissen und ohne alle

persönlichen Rücksichten unabhängig von der Ansicht unverantwortlicher Ratgeber abgegeben, so halte er auch ohne weiteres daran fest und lasse sich nicht bei der Vorführung vor dem Publikum umstimmen. Nur „in zwingend begründeten Fällen" ist eine Änderung der auf Grund des Einzelreitens festgelegten Platzierung gemäß der T. O. noch zulässig. Allein offenkundiges Versagen eines hochbewerteten Pferdes, nicht aber die scheinbar bessere Leistung eines ursprünglich schlechter platzierten Teilnehmers kann eine solche nachträgliche Änderung rechtfertigen.

11. Ein gutes Gewissen ist auch für den Richter das beste Ruhekissen. Dazu muss er aber auch die feste innerliche Überzeugung haben und sie vor seinem Gewissen verantworten können, dass er die zur Beurteilung von Dressurleistungen notwendigen praktischen und theoretischen Fachkenntnisse besitzt. Ist dies nicht der Fall, so lehne er die Aufforderung, namentlich in wichtigen Prüfungen zu richten, lieber ab!

12. Den Richterspruch, auf den man sich freiwillig geeinigt hat, ein Zwang dazu kann nicht ausgeübt werden, vertrete man auch hinterher gegenüber den Teilnehmern und der Öffentlichkeit und verkrieche sich dann nicht hinter den anderen Richtern, wenn man sich von ihnen hat umstimmen lassen. Gründlichste Fachkenntnis, strenge Sachlichkeit und Unparteilichkeit sowie unbedingte Verantwortungsfreudigkeit sind die Eigenschaften, die ein guter Dressurrichter besitzen muss. Dann wird er sich auch das Vertrauen aller derer erwerben, die nicht nur aus Eitelkeit, sondern aus Liebe zur Reitkunst an Dressurprüfungen teilnehmen.

Anhang.

Das Reitviereck und seine Hufschlagfiguren.

Bild 25

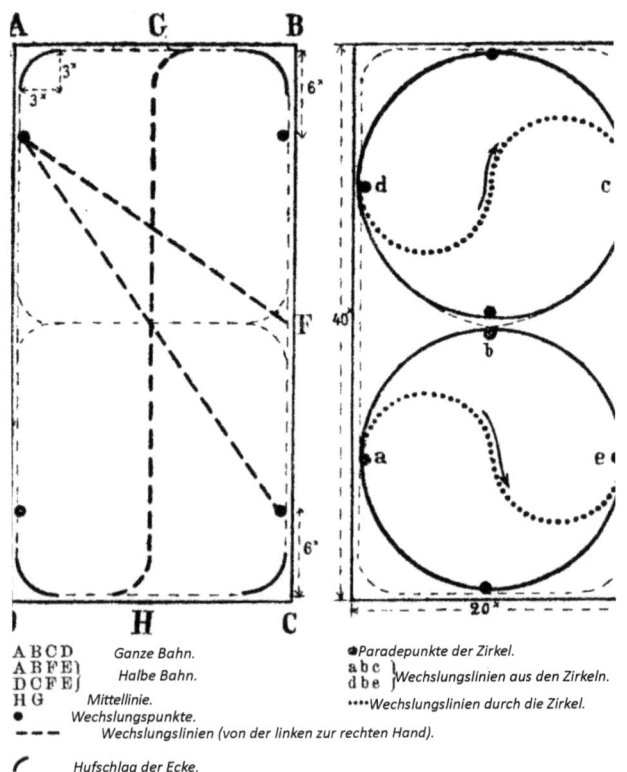

A B C D	*Ganze Bahn.*	
A B F E) D C F E)	*Halbe Bahn.*	
H G	*Mittellinie.*	
●	*Wechslungspunkte.*	
– – –	*Wechslungslinien (von der linken zur rechten Hand).*	
⌐	*Hufschlag der Ecke.*	

●*Paradepunkte der Zirkel.*

a b c }
d b e } *Wechslungslinien aus den Zirkeln.*

••••*Wechslungslinien durch die Zirkel.*

Bild 26

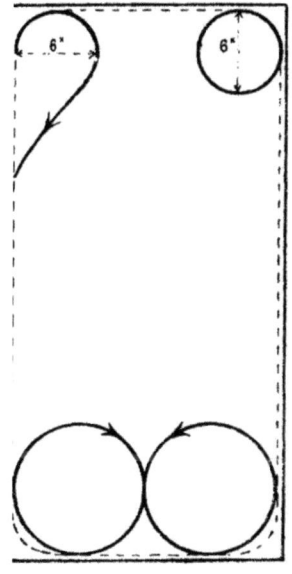
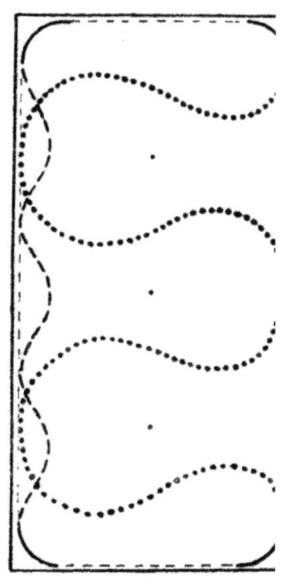

— — —Schlangenlinie an der langen Wand.
••••Schlangenlinie durch die Bahn.

Das Reitviereck für die Olympiade-Dressurprüfung.

Bild 27

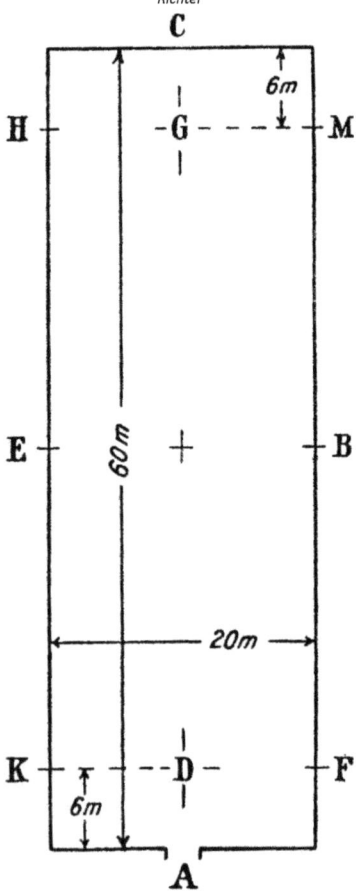

Übergänge aus einem Seitengang in den andern.

Bild 28

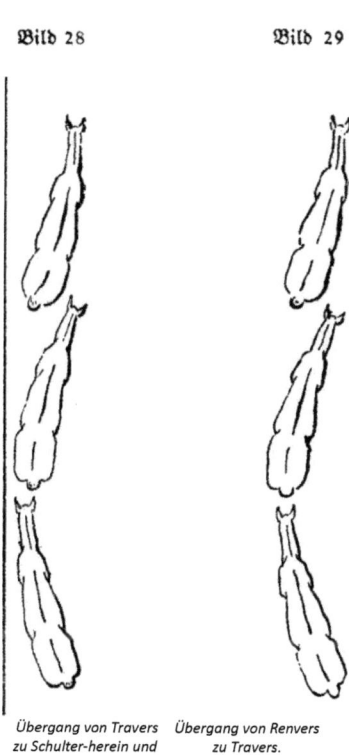

Bild 28   Bild 29

Übergang von Travers
zu Schulter-herein und
hieraus zu Renvers.

Übergang von Renvers
zu Travers.

Durchreiten der Ecken im Seitengang.

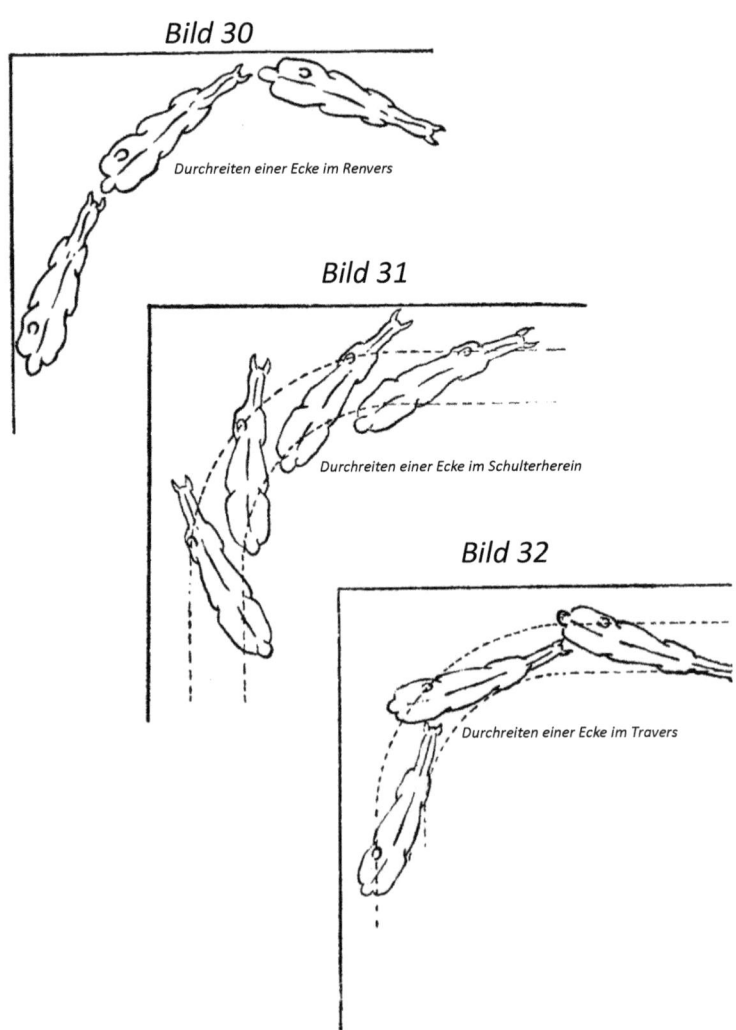

Bild 30

Durchreiten einer Ecke im Renvers

Bild 31

Durchreiten einer Ecke im Schulterherein

Bild 32

Durchreiten einer Ecke im Travers